UNESCO——全球教育领导机构

教育是联合国教科文组织工作的重中之重，它既是一项基本人权，也是建设和平和推动可持续发展的基础。教科文组织是主管教育的联合国专门机构，在全球和地区的教育领域发挥领导作用，以推动各国教育系统的发展，增强其韧性和能力，从而服务所有学习者。教科文组织通过变革性学习引领应对当今全球挑战的行动，并在所有业务领域重视性别平等和非洲。

“教育[illegible]倡议

“教育的未来”国际委员会由联合国教科文组织于2019年成立，旨在重新想象知识和学习如何能够塑造人类和地球的未来。该倡议纳入了广泛的公众和专家参与，旨在促进全球辩论，讨论在一个日益复杂、不确定和脆弱的世界中，需要如何重新思考教育。

unesco
联合国教育、
科学及文化组织

联合国教育、科学及文化组织（法国丰特努瓦广场7号，75352巴黎07SP）与教育科学出版社（中国北京朝阳区安慧北里安园甲9号）2022年出版

UNESCO ISBN 978-92-3-500043-6

原著书名：*Reimagining our futures together: A new social contract for education*

联合国教育、科学及文化组织2021年出版

英文版编辑：Mary de Sousa

出版地：北京

“教育的未来”国际委员会的工作得到了瑞典国际发展合作署（Sida）、法国政府和桑坦德银行的慷慨支持。

摘 要

一项新的教育社会契约

我们人类和地球正遭受着威胁。新冠肺炎疫情只不过证明了我们的脆弱性和相互关联性。我们现在需要采取紧急行动，一起改变方向，重新构想我们的未来。“教育的未来”国际委员会的这份报告认可教育可以带来深刻变革。我们目前面临着双重挑战，即兑现尚未实现的承诺，确保每位儿童、青少年和成年人都有权接受优质教育，以及把教育当作我们通往可持续共同未来的路径，充分实现其变革潜力。为了做到这一点，我们需要一份能够在改变未来的同时，修复现有不公正的新的教育社会契约。

> 我们需要一份能够在改变未来的同时，**修复现有不公正的新的教育社会契约。**

这一新的社会契约必须以人权为依据，以非歧视性、社会正义、尊重生命、人的尊严和文化多样性等原则为基础。它必须包含关怀、互惠和团结的伦理。它必须加强教育作为公共事业、共同利益的地位。

这份报告建立在历时两年、约100万人参与的全球协商过程的基础之上，它邀请世界各地政府、机构、组织和公民为教育订立一份新的社会契约，帮助我们为所有人创造和平、公正和可持续的未来。

这份报告所提出的愿景、原则和建议只是一个起点。对其进行解读和本土化实践，是我们需要共同努力完成的事业。目前的工作中已经存在许多亮点，本报告试图捕捉这些亮点，同时也以其为基础进行构建。本报告既不是一部指南，也不是一幅蓝图，而是一场至关重要的对话的起点。

UNESCO unesco

“战争起源于人之思想，故务需于人之思想中筑起保卫和平之屏障。”

unesco

教育科学出版社
ESPH Educational Science Publishing House

一起
为教育

重新构想
打造新的

我们的未来
社会契约

国际委员会关于“教育的未来”的报告

序言

奥德蕾·阿祖莱（Audrey Azoulay）
联合国教科文组织总干事

如果说有什么让我们在过去的一年半更加团结，那一定是我们感受到的当前的脆弱性和未来的不确定性。我们比以往任何时候都更迫切地意识到，我们需要采取紧急行动，改变人类的发展路径，使地球免遭进一步破坏。但这一行动必须是长期性的并与战略思维相结合。

教育在应对这些艰巨挑战方面应发挥至关重要的作用。不过，正如新冠肺炎疫情所揭示的，教育本身也是脆弱的：新冠肺炎疫情高峰时期，全球各地有16亿学习者受到学校关闭的影响。

只有当你即将失去某样东西时，你才最珍惜它。因此，联合国教科文组织很高兴能收到这份报告，即埃塞俄比亚联邦民主共和国总统萨赫勒–沃克·祖德所领导的“教育的未来”国际委员会编写的《一起重新构想我们的未来：为教育打造新的社会契约》。

自75年前成立以来，联合国教科文组织已经委托编写了多份全球报告，在社会转型的关键时期，重新思考教育的作用。其中最早的是1972年的富尔报告《学会生存：教育世界的今天和明天》，及其后于1996年出版的德洛尔报告《学习：内在的财富》。这两份报告都颇具洞见力并具有广泛影响。然而，近年来，世界发生了根本性的变化。

一如此前的报告，萨赫勒–沃克报告拓展了有关用以引导教育以便改善这颗星球上所有生灵的生存所需的哲学和原则的对话。这份报告是在与超过100万人进行了历时两年的广泛协商的基础上编写而成的。

如果这份报告的启示可总结为一点，那就是：我们迫切需要改变方向，因为人类的未来取决于地球的未来，而这两者目前都处于危险之中。本报告提出了一项新的教育社会契约，一份旨在重建我们与彼此、与地球、与技术之间的关系的社会契约。

这一新的社会契约是我们修复过去的不公、改变世界的未来的契机。最重要的是，它以人们有权接受终身优质教育为基础，将教与学视为人们共同的社会事业和共同利益。

实现这一教育愿景，并非不可能完成的任务。希望依然存在，尤其蕴藏在年青一代人中。虽然如此，我们还是需要全世界一同献出创造力和智慧，确保我们的未来是由包容、公平、人权与和平决定的。归根结底，这正是本报告邀请我们为之奋斗的事业。仅鉴于此，本报告含有对我们每个人都有价值的宝贵经验。

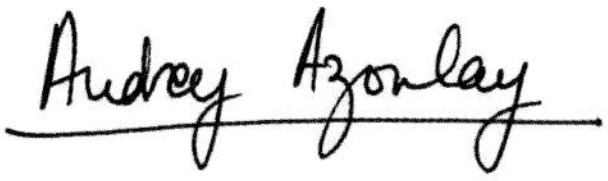

奥德蕾·阿祖莱

联合国教科文组织总干事

序言

萨赫勒–沃克·祖德（H.E. Sahle-Work Zewde）
“教育的未来”国际委员会主席
埃塞俄比亚联邦民主共和国总统

对于这颗星球的未来，我们必须以本土和民主的视角来进行设想。只有通过集体和个人的行动，利用我们丰富多样的民族和文化，才能实现我们理想的未来。

人类只有一个地球；然而，我们既没有充分分享它的资源，也没有以可持续的方式使用这些资源。世界不同地区之间存在着令人难以接受的不平等。在帮助妇女和女童实现两性平等方面，我们依然任重道远。尽管技术有望将我们联系到一起，但巨大的数字鸿沟依然存在，特别是在非洲。人们在获取知识和创造知识的能力方面，存在着广泛的权力不对称。

教育是解决这些根深蒂固的不平等的关键手段。我们要根据所知，对教育进行改革。教室和学校依旧必不可少，但在未来，它们要以不同的方式被构建和体验。教育必须培养人们在21世纪的工作场所进行工作所需要的技能，同时也要考虑不断变化的工作性质和为人们提供经济保障的不同方式。此外，为了确保受教育权的普及，必须扩大全球教育融资。

我们必须尊重人权，关注作为共同利益的教育，并以这二者为中心线索，把我们共同的世界和相互关联的未来连接起来。正如本报告所主张的，这两项普遍原则必须成为各地教育的基础。普及接受优质教育的权利，以及使每个人能为了共同利益而团结协作的学习，两者一起为百花齐放的教育未来奠定了基础。只要坚定不移地致力于人权和共同利益，我们就能保持丰富多彩的认识与存在方式并从中受益——人类的各种文明和社会把它们带入正式与非正式学习，融入我们能够分享和共同积累的知识。

本报告是联合国教科文组织于2019年成立的“教育的未来”国际委员会的集体工作成果。除了感谢我们这个人员构成十分多元的小组的每位成员的投入与贡献之外，我还要特别感谢葡萄牙驻联合国教科文组织大使安东尼奥·诺沃亚（António Nóvoa）对研究起草委员会的领导。《一起重新构想我们的未来》中提出的建议，都产生于全球参与和共建的过程，这一过程表明，虽然世界愈发不确定、复杂和动荡，但依然充满创造力、毅力和希望。我们特别考察了以下有待反思的关键主题的前景：可持续性；知识；学习；教师与教学；工作、技能和能力；公民意识；民主和社会包容；公立教育；高等教育、研究和创新。

委员会在过去两年中的工作深受全球新冠肺炎疫情的影响，委员会的成员清楚地意识到了那些受学校大规模关闭波及的儿童、青少年和各年龄层学习者所面临的种种挑战。那些生活被新冠肺炎疫情扰乱的学生和教师，在艰难环境中为保证幸福安康、不断成长、继续学习做出了极大的努力，为此，我们要把这份《一起重新构想我们的未来》献给他们。

我们希望，本报告提出的建议、呼吁的公共对话和集体行动，将为人类和地球塑造和平、公正和可持续的未来起到催化剂的作用。

萨赫勒-沃克·祖德

“教育的未来”国际委员会主席

埃塞俄比亚联邦民主共和国总统

“教育的未来”国际委员会

萨赫勒–沃克·祖德（H.E. Sahle-Work Zewde），埃塞俄比亚联邦民主共和国总统，“教育的未来”国际委员会主席。

安东尼奥·诺沃亚（António Nóvoa），葡萄牙里斯本大学教育学院教授，“教育的未来”国际委员会研究起草委员会主席。

青柳正规（Masanori Aoyagi），日本东京大学名誉教授。

阿琼·阿帕杜雷（Arjun Appadurai），美国纽约大学媒体、文化与传播学戈达德名誉教授，纽约巴德研究生中心马克斯·韦伯全球教授。

帕特里克·阿瓦（Patrick Awuah），加纳阿希士大学创始人兼校长。

阿布杜勒·巴塞特·本·哈森（Abdel Basset Ben Hassen），突尼斯阿拉伯人权研究所所长。

克里斯托万·布厄克（Cristovam Buarque），巴西巴西利亚大学名誉教授。

埃莉萨·格拉（Elisa Guerra），墨西哥菲拉德尔菲亚谷地学校教师兼创始人。

巴德尔·贾法尔（Badr Jafar），阿联酋克雷森特企业首席执行官。

金度延（Doh-Yeon Kim），韩国首尔国立大学名誉教授，韩国教育科学技术部前部长。

林毅夫（Justin Yifu Lin），中国北京大学新结构经济学研究院院长兼教授。

叶夫根尼·莫罗佐夫（Evgeny Morozov），作家。

凯伦·芒迪（Karen Mundy），联合国教科文组织国际教育规划研究所所长，多伦多大学安大略教育研究所教授（休假中）。

费尔南多·M. 赖默斯（Fernando M. Reimers），美国哈佛大学教育研究生院教授。

塔西拉·里维拉·泽（Tarcila Rivera Zea），秘鲁原住民文化中心执行董事。

塞里涅·姆巴耶·蒂亚姆（Serigne Mbaye Thiam），塞内加尔供水和公共卫生部部长。

瓦伊拉·维凯–弗赖贝加（Vaira Vike-Freiberga），拉脱维亚前总统，阿塞拜疆巴库尼扎米·甘贾维国际中心现任联合主席。

玛哈·叶海亚（Maha Yahya），黎巴嫩卡内基中东中心主任。

致谢

如果没有众多个人、网络和组织做出宝贵贡献，本报告是不可能完成的。

委员会要感谢所有独立报告、背景文件的提交者，以及参加“教育的未来”全球倡议的个人、组织和网络（贡献者与稿件请参阅附录）。

“教育的未来”咨询委员会代表全球教育、研究和创新领域的业界领袖和关键战略伙伴（个人和组织的完整名单请参阅附录），他们把宝贵的精力投入本报告中。

特别感谢以下专家，他们在分析和起草本报告的过程中，与联合国教科文组织秘书处合作无间，并审阅了本报告的初稿：特蕾西·伯恩斯（Tracey Burns）、保罗·科门（Paul Comyn）、彼得·罗纳德·德苏扎（Peter Ronald DeSouza）、伊内斯·杜塞尔（Inés Dussel）、克里·费瑟（Keri Facer）、休·麦克莱恩（Hugh McLean）、埃布里玛·萨尔（Ebrima Sall）、弗朗索瓦·塔代伊（François Taddei）、马拉克·扎卢克（Malak Zaalouk）和哈维尔·罗格拉·普伊（Javier Roglá Puig）。

最后，委员会衷心感谢联合国教科文组织，特别要感谢教育助理总干事斯蒂芬妮亚·贾尼尼女士（Ms Stefania Giannini）的领导，以及未来学习与创新司司长索比·塔威尔（Sobhi Tawil）及其团队对委员会工作的不懈支持。其团队成员包括艾达·阿布哈兹（Aida Alhabshi）、亚力罕德拉·卡斯塔涅达（Alejandra Castaneda）、卡塔里娜·塞凯拉（Catarina Cerqueira）、阿奈特·多米特（Anett Domiter）、基思·霍姆斯（Keith Holmes）、雅罗斯拉瓦·卡尔科瓦（Iaroslava Kharkova）、斯蒂芬妮·马加拉奇（Stephanie Magalage）、杰克·麦克尼尔（Jack McNeill）、苗逢春（Fengchun Miao）、米凯拉·帕加诺（Michela Pagano）、马娅·普林斯（Maya Prince）、诺亚·W.索贝（Noah W. Sobe）、埃琳娜·图坎（Elena Toukan）和马克·韦斯特（Mark West）。该团队得到了组织内许多同事的进一步支持，他们以各种方式为“教育的未来”倡议做出了贡献。

目录

执行摘要 1

导言 7

人类的生存、人权和生命之星正处于危险中 8
新的教育社会契约的必要性 10
重新定义教育的目的 12
本报告的编排 14

第一部分 在过去的承诺和不确定的未来之间 17

第1章 迈向更公平的教育未来 19

不完全和不公平的教育扩张 20
贫困持续存在，不平等状况加剧 24
排斥的网络 25

第2章 干扰和新改变 29

岌岌可危的星球 30
联结和分裂我们的数字技术 35
民主倒退，两极分化加剧 40
未来工作的不确定性 41

第二部分
教育革新 48

第3章 团结合作的教学法 51
重新构想教学方法 53
各年龄段和阶段的教育之旅 58
革新高等教育使命 62
对话与行动的原则 63

第4章 课程与不断发展的知识共享 65
参与知识共享 67
高等教育的赋能作用 77
对话与行动的原则 79

第5章 教师的变革性工作 81
将教学重铸为一项协作性专业 83
持续一生的教师发展之旅 86
公众团结以改变教学 89
大学与教师的持续关系 91
对话与行动的原则 93

第6章 保卫并改造学校 95
学校不可替代的作用 97
必要的学校改革 99
从中小学校到高等教育的过渡 105
对话与行动的原则 105

第7章 跨越不同时间和空间的教育 107
引导教育机会实现包容性和可持续性 110
延长受教育年限 116
扩大受教育权 118
对话与行动的原则 119

第三部分 推动形成新的教育社会契约 121

第8章 呼吁研究和创新 123

教育研究新议程 125
扩展知识、数据和证据 128
创新教育的未来 131
对话与行动的原则 134

第9章 呼吁全球团结和国际合作 135

应对日益不稳定的世界秩序 136
迈向共同的目标、承诺、规范和标准 139
在知识生成和证据使用方面的合作 140
为受威胁地区提供教育资助 141
联合国教科文组织的角色 142
对话与行动的原则 143

结语及尾声

共建教育的未来 145

关于构建新的社会契约的建议 147
行动呼吁 153
对话和参与 156
后续的邀约 158

附录 161

部分参考文献 162
独立报告 162
背景文件 164
全球咨询意见 166
“教育的未来”国际委员会的出版物 167
“教育的未来”国际委员会 168
任务 168
成员 168
“教育的未来”倡议 174
全球咨询贡献者 175

执行摘要

当今世界正处于一个转折点。我们已然明了，知识和学习是实现更新和变革的基础。然而全球差异以及重新构想我们为何学习、如何学习、学习什么、在何时何地学习的迫切需要，都意味着教育尚未兑现其助力我们塑造和平、公正和可持续未来的承诺。

为追求增长和发展，我们人类让自然环境不堪重荷，现已危及我们自身的生存。今天，高水准的生活与触目惊心的不平等在当今社会并存。越来越多的人参与公共生活，但在世界许多地方，社会和民主的结构正在遭受侵蚀。迅猛发展的技术更新变革着生活的许多方面，但这些创新没有被引导到促进公平、包容和民主参与的方向。

今天的人们对今世和后代都肩负重任，要确保世界富足而非贫瘠，要确保人人充分享有同样的权利。虽然我们迫切需要采取行动，且所处环境充满高度不确定性，但**我们依然有理由满怀希冀**。作为一个物种，我们正处在人类集体发展史上能够最大限度地获取协作所需的知识和工具的节点上。发动全人类共同创造更美好未来的潜能从未如此之大。

“教育的未来”国际委员会发布的这份全球报告提出了一个问题：展望2050年及以后，教育在塑造我们共有的世界和共同的未来方面，可以起到哪些作用。其中给出的建议源自一项为期两年的全球参与和共建进程，该进程表明广大民众——儿童、青年和成年人——无不深刻地认识到，在这个共有的星球上**我们彼此相连**，而且**我们务必共同努力**。

许多人已亲身参与到引发这些变化的努力之中。这份报告中处处融入了他们的贡献，从如何重新构想学习空间到课程的去殖民化，以及强调社会和情感学习的重要性。报告还探查了他们对气候变化、新冠肺炎大流行等危机、虚假新闻和数字鸿沟的真实和日益增长的恐惧。

教育是我们贯穿一生的组织教学和学习的方式，长期以来在人类社会变革中发挥着根本性的作用。教育将人与世界、人与人之间紧密相连，为我们打开新的可能性，并增强我们开展对话和行动的能力。**但要塑造和平、公正和可持续的未来，教育本身必须变革。**

面向教育的新社会契约

教育可以从社会契约的角度来审视。所谓社会契约，是社会成员之间为谋求共同利益而合作的一种默会协议。一个社会契约可反映已正式载入法律且内嵌于文化的规范、承诺和原则，因而不仅仅是一种交易。**必须将关于教育公共目的之共同愿景作为出发点。**这一契约包含建构教育系统的根本性组织原则，以及为建立、维护和完善教育系统所做的分散性工作。在20世纪，公共教育的基本目标是通过对儿童和青年的强制义务教育支持培养国家公民意识和国家发展。但在人类及其居住的星球都面临严重危机的今天，我们必须紧急重塑教育以帮助我们应对共同的挑战。这种**重新构想意味着要共同努力，去创造休戚与共且相互依存的未来**。面向教育的新社会契约必须将我们团结起来为共同的事业去奋斗，并提供必要的知识和创新，以备在社会、经济和环境正义的基础上开创面向所有人的可持续与和平的未来。新的社会契约必须像这份报告一样，突出教师所发挥的作用。

放眼2050年，我们应就教育提出三个根本问题：当前的哪些工作应继续？哪些应摒弃？还有哪些需要创造性地全新打造？

基本原则

任何新的社会契约都必须立足于人权所基于的包容、公平、合作、团结以及集体责任和相互关联等广泛原则，必须遵循以下两项基本原则：

- **确保终身接受优质教育的权利。**为教育打造新的社会契约，必须仍以《世界人权宣言》第二十六条规定的受教育权为基础，而且必须将其拓展以涵盖终身接受优质教育的权利。此外还应涵盖信息权、文化权、科学权以及获取和贡献于知识公域的权利，即人类世代积累且不断革新的集体知识资源。
- **加强作为一项公共事业和共同利益的教育。**作为一项共同的社会事业，教育可以构建共同的目标，并助力个人和社区共同繁荣。面向教育的新社会契约，不仅要确保公共教育资金到位，还要包含全社会对于人人参与有关教育的公开讨论的鼎力支持。惟有如此重视参与，才能强化作为共同利益的教育——一种共同选择和实现的共同福祉。

这些基本原则立足于人类迄今为止凭借教育取得的成就，将有助于确保在我们向2050年及更远的未来迈进的征程上，教育可为将来数代赋权增能以使其能重新构想未来和更新世界。

处在过去承诺与不确定未来之间

不断扩大的社会和经济不平等、气候变化、生物多样性丧失、超出地球极限的资源使用、民主的倒退和颠覆性的技术自动化，是当前这个历史转折点的标志。这些多重交叠的危机和挑战桎梏着个人和集体的权利，地球上有许多生灵深受其害。教育系统的扩展为许多人创造了机会，但很多人只能获得低质量的学习。

展望未来，不难设想一幅更加黯淡的景象。我们可以想象出地球资源枯竭、人类宜居空间日益减少。极端的未来图景之一或许是这样的：优质教育成为精英特权，广大民众因基本商品和服务匮乏而生活悲惨。当前的教育不平等现象随着时间的推移是否只会愈加恶化，直至课程完全失去相关性？这些可能的变化将如何影响到我们的基本人性？

没有什么趋势是注定的结局。多种未来均有可能，而且颠覆性转变在几个关键领域已经清晰可辨：

- 地球危在旦夕，但脱碳和经济绿色转型正在推进当中。儿童和青年在这方面业已率先行动起来，呼吁采取切实行动，并对那些拒不正视紧迫形势者予以严厉谴责。
- 过去十年中，民主治理出现倒退，由身份认同驱动的民粹主义情绪抬头。与此同时，世界各地对抗歧视和不公正的公民参与和行动主义日益活跃，呈现蓬勃发展之势。
- 数字技术蕴含巨大的变革潜能，但我们还没有找到将技术潜力化为现实的路径。
- 随着人工智能（AI）、自动化和结构转型重塑全球就业格局，创造以人为本的体面工作将成为更加艰巨的挑战。另一方面，更多的人和社区开始认可人际关爱工作的价值以及提供经济保障的多样方式。

新出现的每一项颠覆性转变都会对教育产生重大影响。我们在教育领域的共同行动也会反过来对它将做出何种应对产生影响。

目前，世界各地的教育组织方式不足以确保公正与和平的多元社会、一个健康的地球以及共同的进步惠及所有人。事实上，我们面临的某些困难源于我们的教育方式。**面向教育的新社会契约应让我们能够换一种方式去思考**学习以及学生、教师、知识和世界之间的关系。

关于革新教育的建议

教学法应围绕合作、协作和团结等原则加以组织。它应培养学生的智力、社会交往能力和合乎道德的行动能力，使其能在同理心和同情心基础上共同改造世界。同时也要消除成见、偏见和分裂。教学评价应反映那些可促进所有学生的有效成长和有意义学习的教学目标。

课程应注重生态、跨文化和跨学科学习，以助学生获取和创造知识，同时培养其批判和应用知识的能力。课程内容必须包含从生态学角度去理解人类，重新平衡我们与地球这颗生命星球兼人类唯一家园之间的关系。为抵制错误信息的传播，应普及科学素养、数字素养和人文素养并培养辨别真伪的能力。教育内容、教育方法和教育政策应促进积极的公民意识和民主参与。

作为一项协作性的事业，教学应进一步专业化，教学工作中教师作为知识生产者以及教育和社会变革关键人物的工作应得到认可。协作和团队合作应成为教师工作的特色。对知识的反思、研究、创造和新的教学实践应成为教学不可或缺的组成部分。这意味着必须支持教师享有自主权和自由度，而且他们必须充分参与有关教育未来的公共辩论和对话。

学校承载着支持包容、公平以及个人和集体健康的职责，应成为受保护的教育场所，同时还应重新规划学校，以便更好地推动世界向更加公正、公平和可持续的未来转变。学校应成为汇聚多样化人群的场所，并让他们体验在别处接触不到的挑战和可能性。为鼓励和促进个体进行合作，学校建筑、空间、时间、课程表和学生分组都应重新规划设计。数字技术应以支持学校为目标，而不是取而代之。学校应在保障人权、可持续发展和碳中和方面成为典范，从而塑造我们向往的未来。

我们应终生享有并扩大在不同文化和社会空间中接受教育的机会。在人生的各个阶段，人们都应切实享有有意义和优质教育的机会。我们应整合各种自然、人工和虚拟的学习场所，精心发掘各个场所的最佳潜能。关键责任由各国政府承担，应加强政府为教育提供公共资金和对其实施监管的能力。应扩大受教育权，使之持续终身，并涵盖信息权、文化权、科学权和连通权。

推动面向教育的新社会契约

大规模的变革和创新并非没有可能。我们将通过千千万万的个人和集体行动——行动力、领导力、抗压力、创造力和关爱力，为教育打造新的社会契约。新的社会契约应消弭歧视、边缘化和排斥。我们必须致力于确保性别平等和所有人的权利，不分种族、族裔、宗教、残障、性取向、年龄和公民身份。应着力开展社会对话、共同思考和共同行动。

呼吁研究和创新。一项新的社会契约需要在世界范围内开展聚焦终生受教育权的协作研究计划。这项研究计划必须以受教育权为中心，同时兼容不同类型的询证方法和求证方式，包括横向学习和跨界知识交流。应吸纳所有各方（从教师到学生，从学术界和研究中心到政府和民间社会组织）贡献智慧。

呼吁全球团结与国际合作。一项面向教育的新社会契约需要重申在促进教育作为共同利益方面开展全球合作的承诺，并以国家和非国家行为体之间的更加公平、公正的合作为前提。在帮助国家和非国家行为体围绕实现面向教育的新社会契约所需的共同目标、规范和标准协同行动方面，国际社会的作用至关重要。在这方面应遵循辅助性原则，鼓励地方、国家和地区层面的努力。尤其需要通过国际合作以及全球机构的工作，满足寻求庇护者、难民、无国籍者和移民的教育需求。

大学和其他高等教育机构必须在为教育打造新的社会契约的各个方面积极参与。从支持研究和推进科学进步，到作为合作伙伴为本社区和全球各地其他教育机构和教育计划做出贡献，具有创造力、创新性、在推进教育作为共同利益方面有责任心的大学在教育的未来中大有可为。

务必要让人人都能够参与构建教育的未来，包括儿童、青年、家长、教师、研究人员、活动家、雇主、文化和宗教领袖。我们有着深厚、丰富、多样的文化传统作为依托。人类拥有强大的集体能动性、智慧和创造力。我们正面临着重大抉择：是继续走在一条不可持续的道路上，还是彻底改弦易辙。

这份报告针对以下三个根本问题提出了对策建议：哪些工作应继续？哪些应摒弃？还有哪些需要创造性地重新构想？但**这里提出的建议仅是一个开端**。这份报告与其说是擘画蓝图，不如说是开启思考和构想的邀约。应在世界各国、社区、学校、各类教育计划和教育系统中探讨这些问题并做出回答。

为教育打造新的社会契约，是一起重新构想人类未来的关键一步。

导言

我们面临着一个事关生死存亡的选择：继续走不可持续的老路，还是彻底改变路线。继续走目前的道路，就是接受不合理的不平等和剥削、多种形式的暴力升级、社会凝聚力和个人自由的削弱、持续的环境破坏，以及危险的，甚至可能是毁灭性的生物多样性的丧失。继续走目前的老路也不能预测和解决我们社会的技术和数字化变革所带来的风险。

我们亟须一起重新构想我们的未来，并采取行动实现它们。知识和学习是复兴和改革的基础，但是教育在世界范围内展现出的不均衡，以及我们对重新思考学习的原因、方式、内容、地点和时间的迫切需要，意味着教育尚未兑现其帮助我们获得和平、公正和可持续的未来的承诺。

生活在当下的每个人都有义务为当代及子孙后代负责，我们要确保这个世界是一个富足而非匮乏的世界，要确保每个人都能最充分地享有同等的人权。尽管形势紧迫，且充满不确定性，我们依然有理由充满希望。作为一个物种，我们正处于集体历史的关键时刻，我们拥有有史以来最强大的知识和工具，促进我们通力合作。我们共同创造美好未来的潜力从未如此巨大。

教育——我们贯串一生的有组织的教与学的方式——长久以来，一直在人类社会转型中发挥基础性的作用。我们通过教育来组织知识传承和共同创造的代际循环。它将我们与世界、与彼此联系起来，使我们能够接触新的可能性，加强我们对话与行动的能力。但是，要想实现我们理想的未来，教育本身必须转型。

“教育的未来”国际委员会递交的这份全球报告提出问题：在我们展望2050年及以后的未来时，教育在塑造我们共同的世界、共同的未来这方面会发挥怎样的作用？报告中提出的建议，产生于一个为期两年的全球参与和共建的进程。该进程表明，包括儿童、青年和成人在内的广大民众已经敏锐地意识到，我们在这颗星球上是相互依存的。在面对影响我们所有人的全球问题时，我们是联系在一起的。世界各地的许多人都同样强烈地意识到，我们必须从接受多样性和差异性开始，携手共进，通力合作。

预测未来是我们人类一直在做的事情。而有关未来的思想，在教育思想、政策和实践中发挥着重要的作用，它们影响着从学生和家庭的日常决策，到教育部制定的教育改革宏伟计划的一切。

本报告认识到，在教育方面，从彻底转型到严重危机，未来可能出现多种情况。其基本假设是，思考教育未来的主要目的是让我们可以改变当下、识别可能出现的发展趋势、应对各种正在显现或消失的可能性。一切对多种可能发生的未来的探索，都提出了有关道德、公平和正义的深刻问题——什么样的未来是令人向往的，它们又对谁有利？而且既然教育不仅受外部因素影响，也在发掘全球各地潜力方面发挥关键作用，那么我们自然——如果不是义不容辞——要共同重新构想一个包含新的教育社会契约的未来。

> 一切对多种可能发生的未来的探索，都提出了有关道德、公平和正义的深刻问题——什么样的未来是令人向往的，它们又对谁有利？

人类的生存、人权和生命之星正处于危险中

每个人的尊严都是宝贵的这一想法、人人享有基本权利这一承诺、我们独一无二的地球家园的健康——这一切都处于危险之中。为了改变方向，构想不同的未来，我们需要尽快调整我们与彼此、与生命之星以及与技术之间的关系。我们必须重新认识彼此之间的依存关系，以及我们人类在一个不仅由人类构成的世界中所处的地位和所起的作用。

我们面临着多重相互交织的危机。不断扩大的社会和经济的不平等、气候变化、生物多样性减少、对地球资源的过度利用、民主倒退，以及颠覆性的自动化技术，是这一历史关头的重要标志。

互相矛盾的发展趋势正把我们引向一个不可持续的未来。全球贫困问题有所缓解，但国家和地区之间的不平等却愈演愈烈。有史以来最高的生活水平与前所未有的贫富差距同时存在。气候变化和环境退化威胁着人类和地球上其他物种的生存。越来越多的人主动投身到公共生活中来，但在全世界的许多地方，文明社会和民主结构正在遭受破坏。科技使我们空前紧密地联系在一起，但它也助长了社会分裂与紧张。全球疫情又进一步让我们的薄弱之处暴露无遗。这些危机和挑

战限制了我们的个人人权与集体人权，而它们在很大程度上又是人类选择和行动的结果。它们源自我们创造的社会、政治和经济体系——在这些体系里，短期利益高于长期利益，少数人的利益凌驾于多数人的利益之上。

依赖不可持续的资源消耗水平的经济模式，加剧了气候灾难和环境恶化。优先考虑短期利润和提倡过度消费的经济模式，与贪婪的个人主义、竞争性和缺乏同情心紧密相联，而这正是全世界许多社会的特征。全球财富高度集中，极端的经济不平等正在破坏我们社会的凝聚力。

极权主义、排他性民粹主义和政治极端主义不断涌现，对民主治理发起挑战，而此时此刻，我们最需要的就是加强团结和合作，来解决无关国界、全球共有的问题。几十年来，人们不断努力推动社会以和平的方式解决分歧，尽管如此，当今世界社会和政治两极分化的情况依然日趋严重。仇恨言论、不负责任地传播虚假新闻、宗教原教旨主义、排他性的民族主义——所有这些都被新技术放大，最终被颇具策略地用来支持某些狭隘利益。以《世界人权宣言》所表达的共同价值为基础的世界秩序正遭受冲击。我们的世界面临一场价值观危机，堕落、冷漠、不宽容、偏执等现象的抬头和暴力正常化就是其证明。

加速的全球化和人口流动，连同被迫迁徙和流离失所，往往会加剧种族主义、偏见、不宽容和歧视等非人道的影响。这些侵犯人类尊严的暴力形式，充分表现了寻求支配和控制，而非合作和解放的权力结构。武装冲突、占领和政治镇压等暴力行为不但摧毁生命，而且破坏人类尊严这一概念。那些从基于性别、种族、民族、语言、宗教或性取向的霸权制度中享有特权和利益的人，往往会压迫被他们视为威胁的群体，无论是原住民、妇女、难民、移民、女权主义者、人权倡导者、环保活动家，还是持不同政见者。

我们的社会中发生的数字化转型正在以前所未有的方式影响着我们的生活。计算机迅速地改变着人们创造、获取、传播、验证和使用知识的方式。这在很大程度上使信息获取变得更加容易，并为教育开辟了大有潜力的新途径。但其带来的风险也是多方面的：在数字空间里，学习的范围既能扩大，也能缩小；技术为人类提供了使用权力与控制他人的新手段，这些科技手段既可以实施镇压，也可以进行解放；并且，随着面部识别和人工智能技术的逐渐完善，我们的隐私权的边界将以十年之前完全无法想象的方式逐渐收缩。我们需要保持警惕，确保正在进行的技术变革有助于我们的繁荣发展，而不会对我们理想的未来——可以用不同方式认识世界，可以自由学习、自由创造的未来——造成威胁。

我们的生活方式已经无法再与地球及生活于其上的丰富物种保持平衡，这既威胁着我们当下和未来的福祉，也威胁着我们的持续生存。我们对技术不加批判的接纳，常常会把我们推向危险的边缘——分化我们，中断对话，破坏相互理解，尽管它也有可能产生相反的结果。上述两种与地球和技术有关的失衡，又会导致第三个同样十分危险的分歧：我们彼此之间的不平衡，这种失衡表现为不断扩大的不平等、对信任和善意的贬斥、对“他者”的妖魔化，以及对合作和更有效地应对日益增多的全球挑战的不情愿。

展望未来，我们很容易描绘出一幅愈加黑暗的画面。可以想见，在一颗资源枯竭的星球上，人类的居住空间只会越来越小。还有这样一幅极端的未来图景：在一个优质教育仅供特权阶级享有的世界里，大多数人因为无法获得基本的物品和服务而生活在苦难之中。当前的课程体系会变得越来越无足轻重吗？当前的教育不平等现象会随着时间的推移进一步恶化吗？我们的人性会被进一步侵蚀吗？

> 我们今天集体做出的选择，将决定我们共同的未来。

我们今天集体做出的选择，将决定我们共同的未来。我们是生存还是毁灭，是生活在和平之中还是生活在暴力之中，是以可持续的方式对待地球还是反其道而行之，这些问题将由我们今天做出的选择和实现共同目标的能力来影响和决定。只要大家齐心协力，我们就能扭转航向。

新的教育社会契约的必要性

教育在我们的社会更新与转型中发挥基础性的作用。它能调动知识，帮助我们在一个不断变化、难以预料的世界里找到正确的方向。教育的力量就在于它能把我们与世界及彼此联系起来，让我们超越自己的居住空间，接触到新的可能。它让我们团结起来，共同努力；它为我们提供应对共同挑战时所需要的科学、知识和创新。教育增强我们的认识，提升我们的本领，这些都有助于确保我们在未来拥有一个更具包容性的社会环境、更公正的经济环境和可持续的生态环境。

世界各地的家庭、社区和政府都清楚地知道，学校和教育体系尽管存在缺陷，但依然可以为个人和集体的进步创造机会、铺设道路。各国政府和民间组织也普遍承认，在争取希望的发展成果、培养劳动技术和能力、加强公民参与和民主义务的过程中，教育即使不是唯一发挥作用的因素，也是至关重要的一个。教育理当是2030年可持续发展纲领的支柱之一，该纲领展现了一个包容性的愿景，旨在促进全人类幸福、正义与和平，以及与环境的可持续关系。

然而，全球教育境况没有达到我们对其的期望。尽管全球教育普及率明显提高，但多重的排斥依然在继续剥夺数亿儿童、青年和成人接受优质教育的基本权利。歧视持续存在，且往往是系统性的针对性别、种族、语言、文化和认知方式的歧视。教育内容与实际脱节这一情况，又使学习者更难获得学习资源：正规学习往往难以满足儿童和青年及其社区的需求和愿望。低质量的教学扼杀了学习者的创造力和好奇心。在各级教育中，学生脱离教育和辍学/退学的规律表明，目前的学校教育模式，在为儿童和青年提供有意义的学习及自主性和使命感方面存在不足。越来越多的受教育者既没有为应对当前的挑战，也没有为迎接未来的挑战做好准备。

此外，教育体系往往复制和延续那些对我们共同的未来形成威胁的境况，这当中既有歧视和排斥，也有不可持续的生活方式，它们限制了教育所具有的引发真正变革的潜力。这些共同的失败，使我们更加需要崭新的共同愿景、重新构建的原则与承诺，以此为我们的教育行动提供框架和指导。

教育社会契约的出发点是人们对教育公共目的的共同愿景。其内容包括构建教育体系的基本原则和组织原则，以及构建、维持和完善教育体系的具体工作。

在20世纪，公共教育的主要目标是加强公民意识、促进社会发展。它的主要形式是对儿童和青年进行义务教育。然而，时至今日，我们正面临严重的风险，必须尽快对教育进行改革，以便应对共同的挑战。新的教育社会契约必须能够让我们团结起来，共同努力，并为我们提供塑造以社会、经济和环境正义为基础的，可持续发展的和平未来所必需的知识和创新。

构建一份新的社会契约，意味着我们要探究教育、知识和学习的既定思维模式如何阻止我们开辟新径，迈向憧憬的美好未来。继续发展当前的教育模式不是一条可行的前进道路。我们所面临的严峻挑战，不仅是我们能应用的资源和手段十分有限，还来自我们进行教育的目的和方式，以及我们组织学习的方式。

重新定义教育的目的

教育体系向人们灌输了一种错误的观念，即短期的特权和舒适比长期的可持续性更重要。这些观念强调个人成功、国家竞争和经济发展的价值，不利于我们团结协作，理解我们之间的相互依存关系，以及关怀彼此与地球。

教育的目标必须是把我们团结起来，为我们提供塑造以社会、经济和环境正义为基础的，全民共享的可持续未来所必需的知识、科学和创新。它必须纠正过去的不公正，同时让我们为即将到来的环境、技术和社会变革做好准备。

新的教育社会契约必须以两项基本原则为基础：（1）受教育权；（2）将教育作为公共事业和共同利益的承诺。

保障终身接受优质教育的权利

为构建新的教育社会契约所做的对话与行动，必须牢牢地扎根于人权承诺之中。1948年制定的《世界人权宣言》为我们人类大家庭的成员规定了不可剥夺的权利，也为人们设想教育的新未来提供了最佳指南。受教育权——对实现所有其他社会、经济和文化权利都至关重要——必须继续充当新的社会契约的指路明灯和坚实基础。这一人权视角要求教育必须面向所有人，无分收入、性别、种族或民族、宗教、语言、文化、性取向、政治派别、身体健全与否，或其他任何可能被用来歧视和排斥的特征。

> 新的教育社会契约必须牢牢地扎根于人权承诺之中。

受教育权必须扩展，纳入终身接受优质教育的权利。长期以来，受教育权一直被解释为儿童和青年拥有的上学权利，我们更进一步，必须确保所有年龄段、生活在社会各个领域中的人们都能享有这一权利。从更广泛的角度来看，受教育权与接触、享有信息的权利，参与文化和科学活动的权利密切相关，这就要求教育在培养人的能力方面深化投入。受教育权还与获取和贡献知识共享——人类共同分享且不断扩展的信息、知识和智慧资源——息息相关。

知识创造往往经由竞争、对话和辩论而不断循环，它有助于协调行动，产生科学真理，激发创新。知识循环是人类最宝贵、用之不竭的资源之一，也是教育的一个重要方面。有越多的人接触知识共享，其本身会变得越丰富。语言、算术和写作系统的发展促进了知识在时间和空间上的传播，这反过来又使人类社会能够在集体繁荣和文明建设领域攀登到超凡的高度。从理论上说，知识共享的可能性是无限的。知识共享所能释放的多样性和创新既来源于知识的相互借用、跨越学科界限的实验，也来源于对旧有知识的重新诠释以及新知识的生成。

遗憾的是，各种藩篱阻碍了人们公平地获取和贡献于知识共享。人类积累的知识中存在巨大的差距和扭曲，需要加以解决和纠正。原住民的观点、语言和知识长期被边缘化，妇女和女童、少数民族和低收入群体也受到严重的忽视。商业化和过分严格的知识产权法，还有对管理知识共享的社区和系统缺乏足够的监管和支持，一同导致了知识的封闭。我们当然必须保护艺术家、作家、科学家和发明家的知识产权和艺术产权，但与此同时，我们也要大力营造能够开放、公平地应用和创造知识的机会。我们应在知识共享领域中采取一种承认集体知识产权的方法，这样就可以有效地保护原住民和其他边缘化群体的知识不被非法盗用和未经许可地使用。

扩大的终身受教育权需要我们努力打破藩篱，保证知识共享是一种能够反映世界上各种各样的认识和存在方式的开放和持久的资源。

巩固教育作为公共事业和共同利益的地位

教育作为一项社会公共事业，为人们构建了共同的目标，促使个人和社会共同繁荣。新的教育社会契约不仅应当确保为教育提供充足和持续的公共资金，还应包含一个对全社会的承诺：每个人都能参与有关教育的公开讨论。正是这种对参与的强调，巩固了教育作为共同利益——一种人们共同选择、共同实现的公共福祉——的地位。

教育作为一种共同利益，有两个基本特征。第一，教育使人们体验相同的经历，把人们与彼此和世界联系起来。在教育机构中，教师、教育者和学习者聚集到一起，他们共同参与的活动既属于个人，也属于集体。教育使人们能够利用和增加人类的知识传承。作为一种共创的集体行为，教育肯定个人和群体的尊严与能力，为集体建立共同的目标，培养人们集体行动的能力，加强我们的共同人性。因此，教育机构内部学生群体的多样性至关重要，只有包含尽可能多的不同群体，才能使学生们跨越界限、相互学习。

第二，教育治理有其公共性。作为一个社会项目，教育受到多方面的治理和管理。在制定政策和做出决断的过程中，要整合不同的声音和观点。目前教育改革的趋势是在教育政策、供给和监测方面增加非国家行为体的多样性和比例，这一趋势表明，越来越多的人要求教育作为一项公共事务，应该让更多人拥有发言权，提高透明度，强化问责制。教师、青年组织、社区团体、信托基金、非政府组织、企业、专业协会、慈善家、宗教机构和社会组织的参与，可以加强教育的均衡性，提高教育质量，使教育对学生更适宜。非国家行为体在维护非歧视、机会平等和社会正义原则，保障人们享有受教育权方面，发挥着重要作用。

教育的公共性远超政府能够提供、资助和管理的范围。公共教育是：（1）在公共空间进行的教育；（2）促进公共利益的教育；（3）对所有人负责的教育。所有学校，无论是何人组织的，都应该推行促进人权、重视多样性、反对歧视的教育。我们决不能忘记，公共教育教育公众。它加强了我们同为人类和生活在同一颗星球上的归属感，也使我们更加重视我们的差异性和多样性。

我们决心把教育当作公共社会事业和共同利益，就意味着在地方、国家和全球各层面，教育治理模式必须具有包容性和参与性。政府需要加大监管力度，保护教育免受商业化的影响，制止市场进一步阻碍教育作为一项人权的实现。教育必须服务于所有人的公共利益。

新的社会契约必须以终身受教育的权利，以及将教育作为公共事业和共同利益的承诺为框架，只有这样，教育才能帮助我们迈向社会公正、经济公正、环境公正且可持续的未来。这些基本原则将为我们的对话与行动指明方向，帮助我们改革从教学与课程到教育研究与国际合作的各个关键方面。

本报告的编排

本报告分为三大部分，每个部分由若干章组成，每一章都会提出一些构建新的教育社会契约的建议和进行对话与行动的指导原则。报告最后是一篇结语，提出了在不同背景下将这些建议转化为行动的方法。虽然本报告在适当情况下引用了一些研究证据，但在正文中并未列出参考文献。这些背景文件作为本倡议书的一部分列于附录之中。

本报告的第一部分“在过去的承诺和不确定的未来之间”提出了教育在全球面临的公平性和适切性的双重挑战，这一情况令我们更加需要一份有助于纠正教育排斥、确保可持续未来的新的社会契约。这一部分由两章组成。

第1章回顾了被庄严载入《世界人权宣言》第26条的受教育权的历史，介绍了已经实现和尚未兑现的种种承诺。第2章聚焦于关键性的干扰和正在出现的改变，主要考虑四类相互交叉、影响广泛的变化：环境变化、加速的技术进步、政治治理与社会分裂，以及新的工作世界。展望2050年，这一章提出疑问：这些干扰和改变会对教育产生怎样的影响？我们又该如何改革教育，以更好地解决这些问题？

本报告的第二部分“教育改革”主张从以下五个关键方面重新定义和改革教育：教学法、课程体系、教学、学校，以及生活中和不同文化与社会空间中的广泛教育机会。本报告会就每个方面用单独一章来进行讨论，并列出进行对话与行动的指导原则。

第3章呼吁采用团结合作的教学法，培养学生的同理心、对差异的尊重及同情心，构建个人通过团结协作改变自己和世界的能力。第4章鼓励发展有益生态的、跨文化的、跨学科的课程体系，在帮助学生获取和生产知识的同时，培养他们批判和应用知识的能力。第5章强调教师从事的改革工作的重要性，并建议教学进一步走向专业化，成为一项协作型事业。第6章解释了保护学校作为支持学习、包容、公平和个人与集体福祉的社交场所的必要性，同时也指出要对其加以改进，使之能够更好地帮助我们实现公平公正的未来。第7章探讨了跨时空教育的重要性，使我们认识到，教育不仅发生在正规机构中，也发生在不同的社会空间和人生的不同阶段里。

本报告的第三部分“推动形成新的教育社会契约”提出了通过呼吁开展研究、呼吁全球团结和国际合作，建立新的教育社会契约的想法。

第8章呼吁就终身受教育权，制定一个共同的研究议程，还指出每个人都应该在构建新的教育社会契约所要求的知识的创造、生产和协商中发挥作用。第9章讨论了我们对构建和加强全球团结与国际合作的迫切需要，这要求我们坚忍不拔、不怕困难、团结一致，也需要我们着眼于2050年及以后的未来。

这份报告还包含一篇结语及尾声，这部分内容主张，本报告所提思想和建议在转化为项目、各种资源和活动时，应因地制宜。只有与当地的行动者共同建设、多多沟通，才可能实现这种转化，他们的参与对于将这些思想转化为规划和行动至关重要。各级政府领导人、教育行政人员、教师和学生、家庭、社区和民间组织应当主导教育改革任务，并将其贯彻落实。

摆在我们面前的任务是加强共同的持续全球对话，这一对话所要讨论的是在教育界和整个世界中，我们应该推进什么、摒弃什么，应该对什么进行创造性的重新构想。我们认为这是一项革新的工作：作为这个并非只有人类栖居的世界上的人类居民，我们要意识到所面临的共同问题的严重性，找到一条不再重蹈覆辙的前进道路。如果我们足够诚实，便会明白老一套的东西——即使更快、更大、更有效——正把我们推向悬崖：气候恶化和濒临崩溃的生态系统也许是最为明显和严重的警告。改革意味着筛选来之不易的知识和经验，重振我们的教育体系，使之达到卓越。这要求我们充分利用已知的东西来重新构建一条前途更加光明的道路。

本报告既是一封邀请函，也是一份议程，邀请大家为实现这一目标而进行对话、采取行动。

一项新的教育社会契约已经酝酿许久。我们现在需要基础广泛、包容各方、民主平等的公共对话和动员来将其实现。本报告既是一封邀请函，也是一份议程，邀请大家为实现这一目标而进行对话、采取行动。

第一部分
在过去的承诺和不确定的未来之间

为了对教育的未来进行反思，我们必须首先审视教育的现状，以及当下的挑战和新出现的改变所指向的可能的未来。无论是在教育领域，还是在生活中的其他领域，过去总会伴随着我们。我们需要把长期的历史趋势也纳入考量。只有仔细审视昨天的排斥和缺陷，才能更好地理解教育的效果为何没能达到我们对它的期望。

本报告的第一部分勾勒了涉及公平、正义和可持续性等承诺的全球教育现状，探讨了在我们的预期中，这些问题在未来的发展方式。我们会发现，教育在过去许下的承诺和其指向的不确定未来之间存在严重冲突。

本部分的第1章重点介绍了过去50年我们在教育方面取得的进展，探讨了经济增长、贫困和性别歧视等因素如何与教育进步相互关联（并受其影响），主张我们虽然不能忽视过去，但接下来会发生什么，依然取决于我们现在及今后30年做出的抉择与行动。

本部分的第2章介绍四个关键领域正在显现的改变，它们分别是环境、技术、政治领域和工作的未来。未来是不可预测的，但是参与这项倡议的无数人都相信，最危险、最具破坏性的道路莫过于忽视眼前正在发生的变化。

第 1 章

迈向更公平的教育未来

这是我们的教育体系必须鼓励的。为了共同的利益，它必须促进共同生活和共同工作的社会目标。它必须让我们的年轻人做好准备，在社会发展中发挥积极和建设性的作用，在这样的社会里，所有成员都要同甘共苦，我们衡量进步的标准是人类福祉，而不是豪宅、汽车或其他此类东西，无论它们是私人的还是公有的。因此，我们的教育必须向受教育者灌输面向整个社会的责任感，帮助学生们接受适应未来的价值观。

——朱利叶斯·尼雷尔（Julius Nyerere），《自力更生的教育》（*Education for Self-Reliance*），1967年

在过去的三五十年内，我们在教育方面取得了多少进步？目前的教育境况如何？当我们着眼于更长远的未来时，教育必须在哪些方面尽快改变方向？

本章从两个角度回顾了过去半个世纪的教育。首先，本章详细阐明了随着时间的推移，通过各项教育指标能够观察到的趋势，不仅观测平均值，而且要去理解按照地区、收入群体、性别、年龄和其他因素分组后的发展趋势。其次，本章对这些趋势和教育领域的其他趋势进行了一个更偏质性的讨论，其讨论重点在于教育公平、教育质量，以及教育对一些较显著的干扰（例如冲突和移民）所做出的回应。

长期的统计趋势受限于对不同指标进行测量的可能性，因此只能说明部分情况。然而，从整体上看，这些趋势依然能显示出未来可能的发展方向和可能出现的变化。在提高受教育机会、接纳被边缘化的人群、扫盲和建立终身学习体系等方面，世界各国、各地区和各收入群体内部及相互之间既存在一些共同点，也存在巨大差异。趋势分析还强调了哪些领域最受关注，哪些领域急需新的应对措施。从历史和当前挑战的角度来看待教育可能的未来，能够帮助我们思考未来的其他可能性。

我们今天在教育机会、参与和结果方面的差距，正是昨天的排斥和压迫造成的。

教育在过去50年里的发展极不平衡，我们今天在教育机会、参与和结果方面的差距，正是昨天的排斥和压迫造成的。而明天的进步不仅取决于我们对这些问题的纠正，还取决于我们对导致这些不平等和不对称的错误假设及部署安排的质疑。例如，两性平等本身不仅应被视为一个目标，还应被视为确保教育的可持续未来的先决条件。

不完全和不公平的教育扩张

从许多方面来看，自从教育被视作一项人权以来，提高全球受教育机会的成果令人赞叹。1948年《世界人权宣言》刚刚通过时，世界总人口大约有24亿，其中上过学的人只占45%。如今，全球人口已达80亿，其中上过学的人占95%以上。2020年，小学入学率超过90%，初中入学率超过85%，高中入学率超过65%。因此，在过去50年中，全世界失学儿童和青少年的比例明显下降。更令人印象深刻的是，教育普及率的大幅提高还是在人口显著增长的情况下实现的。1970年还有四分之一以上的儿童辍学，但到2020年，这一比例降至不到10%。女童入学率的提升更为明显。1990年，女童几乎占据失学儿童总人数的三分之二。而随着全球初等教育近乎实现性别均等，除极低收入国家和撒哈拉以南非洲之外，女童不再是失学人口中的大多数。

特别是自2000年以来，全世界所有地区和各个收入水平的国家的学前教育参与率都有了显著提高。该项指标的全球参与率从1970年的略高于15%，上升到2000年的35%，2019年达到60%以上。在高收入国家和中等收入国家，参与率正在趋同，预计到2050年，学前教育将接近普及。在全球范围内，性别差距随着时间的推移不断缩小，学前儿童入学率实现了性别均等或接近均等。随着这些参与了学前教育，为上学做好充足准备的儿童进入小学，初等教育中的性别均等也将因此改善。

教育参与率的提高，使所有国家的青年和成人的识字率在1990年至2020年间都呈现稳步上升的趋势，无论国家发展状况如何。中低收入国家和中等收入国家的青年识字率，已与中高收入国家的青年识字率趋同，达到90%以上。在过去的30年中，所有国家的女性青年识字率都有明显增长，性别差距进一步缩小。目前，在中高收入国家和中等收入国家中，青年识字率实现了性别均等，而在其他国家，性别差距也正逐步缩小。同样，随着青年步入成年期，成人全面扫盲也指日可待。

在过去的50年里，高等教育的参与率也有显著提高。该项指标的全球参与率从1970年的占全球青年和成年人口的10%，上升到今天的40%。随着入学率的增长，过去50年高等教育中女性参与度也相应发展。在20世纪七八十年代，接受高等教育的人群以男性为主，到1990年前后，受教育者两性比例基本实现了均等，其后，女性参与率以高于男性的速度持续增长。除低收入国家和撒哈拉以南非洲之外，所有收入水平的国家和地区的表现均是如此，而在撒哈拉以南非洲，只有7%的女性和10%的男性接受高等教育。根据1970年以来的趋势进行预测，高收入国家最早可在2034年达到100%的高等教育参与率，而中等收入国家的这一比例将在2050年达到60%至80%。另一方面，中低收入国家的高等教育参与率到2050年将仅达到35%左右，低收入国家的这一比例将不到15%。

过去几十年里，尽管我们在扩大教育机会方面取得了显著的进展，但是人们依然不能充分、平等地享有接受高质量教育的机会。我们依然能看到，一些人被明显排斥在受教育机会之外。如今，低收入国家仍有四分之一的青年不识字。经济合作与发展组织（经合组织）国际学生评价项目显示，即使在中等收入和高收入国家，身处一个对公民事务和经济行为的要求变得越来越复杂的世界里，依然有相当一部分15岁在校生无法理解超出基本水平的阅读内容。就算放低标准，中低收入国家的成人识字率也不到75%，低收入国家的这一比例仅略高于55%。自1990年以来，成人识字率方面的性别差距虽有缩小，却依然巨大，特别是对贫困人口而言。在低收入国家，超过五分之二的妇女不识字。如今，低收入国家五分之一的儿童、全球十分之一的儿童（约2.5亿人）依然没有进入小学。除了在阅读、数学和科学等基本素养方面的差距外，国际教育成就评价协会和经合组织就公民素养、全球胜任力和社会情感能力等方面开展的跨国研究，也发现了类似的差距，后面提及的这些能力对个人参与公民事务和经济行为正变得越发重要。

中等教育的情况更为严峻。尽管全球达成共识，承诺到2030年将普及免费、公平和优质的小学、初中教育，但低收入国家有五分之三的青少年目前没有在中学就读。差距是清晰的。在高收入国家，初中教育几乎已经普及（入学率为98%），而在低收入国家，超过三分之一的青少年（40%的女性和34%的男性）没有接受初中教育。高中入学率的差异更为明显，低收入国家的女性和男性的入学率分别不到35%和45%，而高收入国家的男女青年入学率均超过90%。

除了入学机会和入学率外，完成学业的趋势还显示出我们在教育质量和教育的适切性方面面临挑战。从全球范围来看，超过四分之一的初中生和超过二分之一的高中生没有完成学业。中低收入国家近60%的高中生和低收入国家近90%的高中生在毕业之前辍学。如此巨大的青年人才损失令人难以接受。如此大规模的辍学可能由一系列因素造成，其中包括学习内容的适切性不强，对女孩的具体社会需求和穷人的经济状况缺乏关注，缺乏文化敏感性和文化关联性，缺乏与青少年的现实生活相关的教学方法和过程。这是许多人所称的全球“学习危机”中的一个在很大程度上被忽视的维度。

教学质量低下是导致学生在毕业前离开学校的关键“推动”因素之一。教师是影响教育质量的最重要因素，但前提是他们获得充分的认可、准备、支持、资源、自主权和持续发展的机会。在适当的支持下，教师可以确保学生获得有效、文化上适切且公平的学习机会。教学的专业化对于支持学生发展参与公民事务和经济行为所需要的全部能力至关重要。这需要建立一整套支持教学专业化的链条，其中包括的环节有：选拔优秀的候选人，为他们提供高质量和适宜的职前准备，在教学的最初几年里为他们提供有效的支持，提供持续的专业发展，以促进协作型专业素养为方向安排教师的工作，把学校打造成学习型组织，搭建教师职业阶梯，承认并奖励在教学和管理方面增长的专业知识，听取教师提出的关于塑造职业和教育未来的意见。建立这样的专业化链条需要集体领导，以便使这些不同的组成部分相互协调。许多文化惯例破坏了教学的专业化，比如，把教师的职能用于服务学生以外的利益，比如政治利益；把教师教育项目当作办学机构的"摇钱树"；职业架构不承认教师对学生学习产生的影响；教学实践标准或教师培训机构标准缺位；专业的物质条件大大低于其他需要类似任职要求和工作水平的职业；对教师施加压力，在有违其主观意愿或侵犯其自由、身份和人权的情况下（包括工作场所性骚扰、强迫其信仰宗教或政治服从），使其从事有损其专业地位的工作，比如要求他们参加政治运动，或索取强制性的捐款。

然而，随着获得学校教育的机会不断增加，对教师的需求不断扩大，合格的小学教师比例在全世界范围内不升反降，令人担忧。世界上一些地区，尤其是撒哈拉以南非洲的情况正是如此，该地区符合最低任职资格的小学教师的比例从2000年的85%跌至2020年的65%左右。在以前合格小学教师占比较高的地区，这一比例也出现了下降，例如阿拉伯地区，从2004年的98%下降到2020年的85%。撒哈拉以南非洲的合格教师比例在中学阶段下降得更为明显。2015年，这一地区只有一半的中学教师符合最低任职资格，而在10年前，这一比例曾接近80%。

合格的小学教师比例在全世界范围内不升反降，令人担忧。

在世界许多地区，年轻人参加职业技术教育培训的比例仍然很低。2000年至2020年期间，中亚、中欧、东欧，以及东亚和太平洋地区的职业教育入学率取得了一些进展，15—24岁学生中，有15%的人参加了职业技术教育培训项目。然而，在极低收入国家，以及撒哈拉以南非洲和南亚等地区，职业技术教育培训的入学率依然很低，仅占该年龄组的1%左右。有一点需要特别指出，职业技能的发展不仅限于正规的教育和培训，在许多国家，年轻人有机会在重要的非正式经济体中，获得传统的学徒式培训或非正式的技能发展。然而，国际劳工组织的数据表明，全球有超过五分之一的青年（16—24岁）没有接受教育、培训，也没有就业，其中有三分之二是年轻女性。

这些数字清楚地反映出，尽管全球至少自1990年以来一再做出承诺，我们的集体力量却未能保障所有儿童、青年和成人普遍地享有受教育权。这对女童和妇女、儿童、残疾青年，来自贫困家庭、农村社区、原住民群体和少数群体的人，以及遭受暴力冲突和政治不稳定后果的人来说更是如此。边缘化群体继续因社会、经济、文化和政治等方面的因素遭到排斥。

要想使教育帮助我们改变未来，首先必须设法消除教育领域过去的不公正，使之变得更具包容性。必须明确造成这些不平等和排斥的因素，只有这样做，才能使我们的政策和战略帮助那些被边缘化的，特别是处境复杂的学生。

贫困持续存在，不平等状况加剧

贫困依然是影响受教育机会的决定性因素。贫困问题又因不同人群——女性学生、残疾人、经历了冲突和政治动荡的人，以及由于种族、语言或身处偏远地区而被边缘化的人——之间存在的差异复杂化，成为一个复合因素。

从1990年到2020年，全球经济增长了2.5倍，这主要得益于东亚和太平洋地区的国家，尤其是中国的经济快速增长，以及高收入和中高收入国家在经济领域的持续扩张。另一方面，中低收入和低收入国家2020年的产值只占全球产值的十分之一，尽管其人口占世界的一半。这是过去30年来世界各地区经济增长速度大相径庭导致的结果。1990年，中国与整个撒哈拉以南非洲有着相似的经济规模，分别占全球经济的2%和1.5%。30年后，中国占世界GDP的16%，而撒哈拉以南非洲仅占2%。

全球经济增长改善了个人收入和生活条件，降低了全球贫困率。世界银行的数据显示，从1990年到2020年，全球人均收入增长了75%。1990年，世界三分之一以上的人口被视为贫困人口，但今天，全球贫困率不到10%。然而，低收入国家经济增长速度的放缓，阻碍了减少贫困的进展，降低了我们对缩小收入不平等的期望。消除全球贫困的挑战依然存在。事实上，虽然全球贫困人口在过去的30年中有所减少，但全世界仍有近6.9亿人生活在贫困之中，每天的生活费不足2美元。根据世界银行的另一份数据，世界四分之一的人口，或约18亿人，每天的生活费不超过3.2美元。赤贫人口主要集中在撒哈拉以南非洲，且主要来自农村地区，更以妇女居多。在这些贫困人口中，有三分之二的人是25岁及以下的儿童和青年。

自20世纪80年代以来，新兴经济体和中等收入经济体的快速经济增长使国家间的不平等逐渐缩小。然而，与此同时，各国内部的不平等程度却以不同速度有所上升。自20世纪80年代起，中国、印度、北美和俄罗斯联邦内部的收入不平等程度上升明显，欧洲的增长幅度则较为温和。此外，阿拉伯世界、撒哈拉以南非洲国家和巴西的不平等问题历来严重，如今状况依旧。根据2018年《世界不平等报告》，无论是在撒哈拉以南非洲和阿拉伯世界，还是在巴西和印度等国，收入最高的10%的人都占有了全国收入的一半以上。在几乎所有国家里，资本都已从公有转为私有。在经济扩张的同时，政府变得更加贫穷，这限制了收入再分配和减少不平等的机会。

财富不平等对教育产生的影响是多方面的。这种不平等转化为整个社会对穷人的排斥，破坏社会繁荣和良善治理所必需的社会凝聚力。不平等还体现在，出生于不同环境中的孩子所能获得的教育支持水平显著不同，这使学校更难创造公平的竞争环境。学校不考虑儿童的成长环境，向所有人提供平等的教育机会，是实现更加公正和公平的未来的先决条件。

在更不平等的社会里，形势更为严峻。事实上，极端不平等也会滋生教育腐败，在这种情况下，对成功的不受约束的热情会使教育者踏上非法的捷径，而且教育体系本身也会缺乏有效的监督能力。透明国际组织在《2013年全球腐败报告》中列出了教育腐败的多种形式，其中包括：转移用于采购和供应的资源、为了成绩和录取行贿、招聘和发放奖学金中的裙带关系、学术剽窃，还有对研究施加不当的政治影响及企业影响。社会和机构的信用降低，会进而削弱人们对教育的价值和诚信的信心，更严重的是，这可能会使人们从年少时起就把腐败当作一种社会规范。

排斥的网络

贫困和收入不平等与导致教育排斥的其他歧视因素相互交织。举例来说，性别歧视与其他因素（如贫困、原住民身份和残疾）掺杂在一起，进一步加重了歧视，使女孩更加边缘化，无法享有她们的受教育权。虽然大多数收入群体和区域在入学率性别均等方面表现趋同，但在极低收入国家和撒哈拉以南非洲，情况并非如此。联合国教科文组织统计研究所的数据显示，在撒哈拉以南非洲，每100名小学适龄男童辍学，就有123名女童被排斥在教育之外。对女孩的排斥在初中和高中阶段更为明显。在9个极低收入国家中，最贫穷的女孩平均比男孩少上2年学。这种与性别相关的入学比例大幅下降，特别是中学阶段的情况，表明我们为了让女孩们在其整个教育生涯中尽可能留在校园，还有更多工作要做。仅仅保障入学机会是不够的。确保女孩完整地接受中等教育，更是一项远超学校承受能力的使命，它涉及世界各地的，尤其是处于青春期的女孩，所持续面对的社会经济挑战，围绕着早婚早孕、意外怀孕、家务劳动、月经健康和月经羞耻等问题。

当教育体系没有制定包容性的政策时，身体残疾就会影响到所有地区、所有收入群体的受教育机会。贫困也会大大加剧残疾人受教育的障碍。大多数残疾儿童生活在较贫穷的国家里。在所有年龄段，低收入和中等收入国家的中度和重度残疾人口比例都要高于富裕国家。贫困既是残疾的原因，也是残疾的后果，教育体系有义务保障残疾学生的受教育权，并尽可能将他们纳入限制最少的教育环境。

冲突是导致全球一半失学人口长期不能上学的原因。暴力冲突不单会导致在当地经营学校和上学变得不再安全，还可能导致当地全部人口流离失所。教育机构、人员和学生都可能成为绑架、强奸和武装招募的目标和受害者。

原住民与少数民族儿童和青年也面临不少障碍，这些障碍限制了他们获取各阶段优质教育的机会。除了经济、语言和地理障碍之外，种族主义、歧视和文化适应性不足等因素也导致了原住民儿童和青年的高辍学率。总体来说，正规教育没有承认原住民的知识和学习制度，也不符合生活在农村和城市中的原住民的现实和愿望。

历史上，教育还被用来侵害儿童的文化和宗教权利，例如，利用教育灌输宗教思想，消灭少数民族儿童的文化特征，这侵犯了他们的基本权利。在系统性的歧视和忽视下，教育被作为针对原住民儿童和家庭的武器的问题持续存在。例如，来自偏远原住民和少数民族社区的儿童往往被迫离开自己的社区，到别处接受教育，被剥夺了来自家庭、社群和本民族文化的支持。

经济全球化对学生学习的内容和方式的影响日益加深。这改变了人们对儿童和青年在21世纪实现就业所需知识的预期。就业准备是一项重要的教育目标。然而，把教育目标定义得太过狭隘会埋下很多隐患，尤其是当教育目标与学生及其家庭的现实生活和机遇无法相互匹配的时候。从更广阔的范围来看，在不同的背景、文化和环境中，人们应用、生产和传播知识的方式也千差万别。这就要求我们的教育不能局限于培养读写和算术方面的基本技能，还要涵盖丰富的跨文化知识传承——这些传承对全球的、地方的、祖传的、具身的、文化的、科学的和心灵的种种知识都给予肯定。

当涉及使用原住民和少数民族语言的，可能被算作失学人群的不同种族的学生时，上述观点尤为正确。教育公平必须接纳人类多种形式的知识和表达。大规模学业评价往往不考虑受试者的母语问题，这会进一步加剧少数民族和原住民学生的边缘化，迫使他们更早离开学校。例如，国际阅读素养调查的结果显示，在家不说测试语言的四年级学生比其他学生更难达到最低的阅读熟练水平。我们应该生活在一个包含多元现实的世界里，而不应把单一的社会、经济发展目标强加给所有人。要想保障个人和集体充分行使权利，就必须真正重视人类的不同潜力。

教育公平必须接纳人类多种形式的知识和表达。

要用人权来指导新的教育社会契约，我们就必须承认和肯定学生在文化、心灵、社会和语言等方面的身份认同，尤其当这些学生属于原住民、宗教、文化和性别少数群体及系统性地被边缘化的人群时。在课程体系、教学方法和体制机制中对身份给予恰当的认同，可以直接影响学生的在校时间、心理健康、自尊，以及社群福祉。

对于一些人来说，我们此前的解决方案是不够的，要想帮助这些人，我们需要采取不同的手段和措施。但是我们现在所面临的气候变化、全球疫情和不安定对社会和教育产生的干扰破坏，加大了实行这些手段和措施的困难。2020年，仅新冠肺炎疫情就导致了全球16亿儿童和青年因教育机构关闭而受到波及。即使学校重新开放，数以百万计的学生，尤其是那些来自贫困和边缘化社区的学生，也不会重返校园了。教育机会不平等的问题正在进一步加剧。

鉴于正在发生的社会转型和即将来临的剧烈变革，为教育订立一项新的社会契约更加迫在眉睫。这一社会契约必须消除为现有的教育和社会排斥持续提供生存土壤的不平等网络，帮助我们塑造一个环境可持续的、社会公正且有包容性的共同未来。

第2章

干扰和新改变

在这里，我想强调的是，我一生中得到的一个重要的教训就是，不要再相信当下能永远延续、持续发展，未来可以预测。短暂而意外的突发事件——有时是好的，有时是坏的——总会无情地动摇或改变我们个人的、作为公民的、国家的和全人类的命运。

——**埃德加·莫兰（Edgar Morin）**，《一个世纪的经验教训》（*Leçons d'un siècle de vie*），2021年

随着我们迈向2050年这一世纪中叶的节点，我们需要的教育类型在很大程度上取决于我们对世界的期望，同时也要把家庭、社区、国家和地区之间可能存在的巨大差异考虑在内。

在这一章里，我们着眼于这一未来，主要思考四个常常相互交叉的领域中产生的影响深远的干扰：环境问题，我们如何与技术共生互动，我们的治理体系，以及工作世界。

尽管预测工作带有很强的不确定性，但是预测改变能为我们提供一个基础，在此基础之上，我们可以为在未来几十年内更好地将教育和人类需求相结合，规划和构建多种备选方案。

岌岌可危的星球

一项科学共识已经达成，即2050年的前几十年，特别是21世纪20年代，对于人类和地球上所有其他生命形式的未来来说至关重要。我们采取——或不采取——减少碳排放的措施将决定21世纪30年代乃至40年代的未来，并对几十万年甚至数百万年后的未来产生连锁效应。我们正在对地球做的改变，在广度和速度上都史无前例，也很少有地质先例。据估计，现在的大气化学成分变化的速度，比整个哺乳动物时代变化最极端的时期还要快10倍。现在是地球自12.5万年前最后一次冰期开始以来最热的时期。气候变化产生的影响已经深入我们的生态系统之中，因此也将在未来的30年里继续影响地球上的生命。我们需要适应、缓解和扭转气候变化，介绍和应对气候变化的教育需要与这三个目标保持一致。

2015年巴黎气候协定的签署标志着人类做出了一个历史性的全球承诺，即努力稳定和减少二氧化碳与甲烷等温室气体的全球排放量。自工业时代伊始，这两种气体的排放量就在不断增加。世界各国政府承诺，帮助确保全球平均气温较前工业化时期上升的幅度控制在2摄氏度以内（最好不超过1.5摄氏度）。然而，尽管各国承诺减少使用化石燃料，排放量却仍在不断增加。政府间气候变化专门委员会2021年的报告表明，目前全球变暖的速度甚至比几年前预期的还要快。在全球范围内，我们为稳定温室气体排放所做的努力已宣告失败，更不用说使之大幅减少。这种不作为的影响无处不在，其中大部分是毁灭性的，这将使出现令人虚弱的高温天气，更加频繁和持久的干旱、洪水、火灾，以及物种加速灭绝成为常态。而且，尽管自然界不断发出警告，仍有太多人无法理解人类活动——比如开采和燃烧碳燃料为现代世界提供动力——引发的后果。人类活动加速了气候变化，也导致了地球上多达一半的热带珊瑚礁死亡，10万亿吨冰川融化，以及海洋酸化的加剧。学界曾经认为，只要我们在2050年达到零碳排放，就能防止气候变化带来的一些最坏的影响，但最新的科学研究表明，这一最后期限会大大提前。未来几年——在地球漫长的历史中可能只是短短一瞬——发生的事情，也许会使我们迈上一条噩梦般的道路，让我们陷入日渐变化无常且危险的气候中；又或许，我们身处的气候环境会发生变化，但程度不那么严重，对人类来说依然相对友好。

全球各地的家庭、企业、宗教场所和学校正逐渐认识到这种情况的紧迫性。可想而知，儿童和青年带头发出了一些要求采取行动的最强烈呼吁，并对那些拒绝承认我们正处于危急时刻，应当采取有意义的矫正措施的人，进行了严厉的谴责。在为本报告提供诸多信息的咨询活动中，有年轻人参与或由年轻人主导的小组讨论和针对年轻人的调查问卷都得出了一致的结论，他们对气候变化和环境破坏的关注程度之高可见一斑。

超过地球承载力

地球大气和海洋的变暖与人类对资源的开发相伴出现，将地球推向崩溃的边缘。从1950年到2020年，世界人口增加超过2倍，从25亿人增加到近80亿人，这是出生率提高和寿命迅速延长的结果。2020年的人均寿命是1920年的2倍，这一非凡成就反映了无数的社会和科学进步。可以预见的是，在人口爆炸的同时，人类对资源的需求也会爆炸性地增长。尽管目前的增速与近几个世纪相比呈放缓态势，但人口还在继续增加。近期的预测表明，全球人口将在2050年达到97亿，然后很可能在2100年稳定在110亿左右。

人口的持续增长与消费和工业活动的迅猛发展对资源提出了巨大需求，并往往给环境带来极大压力。自1950年以来，人类用水量翻了一番，粮食生产和消费增加2.5倍，木材消耗增加2倍。据估计，到2050年，粮食需求量还将增长35%，水需求量将增长20%至30%，能源需求量则会增长50%。

如今，我们对物质的生产、消费和浪费远远超过了地球的承载力。根据一些预测，人类目前的生态足迹表明，我们大约需要1.6个地球来支撑我们的生活、降解我们的废弃物。这意味着，随着我们持续加大资源使用量，地球现在需要一年零八个月的时间，才能再生出我们在一年内消耗的资源。如果不改变路线，到2050年，我们将以4倍于资源再生的速度消耗地球资源，给子孙后代留下一颗资源严重枯竭的星球。

> 如今，我们对物质的生产、消费和浪费远远超过了地球的承载力。

污染是我们的消费和资源开采的副产品，也迅速成为引发疾病和死亡的最大环境原因。污染每年大约造成900万人过早死亡，这一数量远远超过艾滋病、疟疾、结核病和战争所导致的死亡人口的总和。污染不仅被认为是地球上最大的公共卫生危机，也被认为与学习困难和残疾有所关联。当空气污染达到危险程度时，仅仅上下学就可能对学生的健康造成危害，而且一旦到达学校，在许多教育机构缺乏有效的空气过滤和污水处理装置及清洁用水的情况下，学生的健康也会遭受损害。此外，还有一些学习设施本身就位于因化学废物或其他形式的有毒污染物而达到危险水平的区域内。

即使我们明天就能实现零排放，拥有100%的清洁能源系统，挑战依然存在。我们还要面对森林砍伐、过度捕捞、农业工业化、采矿和浪费等生态不可持续活动导致的破坏性后果，它们比气候变化已经深入生态系统的影响更加迫在眉睫。连锁反应的后果才刚刚开始显现。地球生态圈是一个完整的系统，一个其中包含人类，且能承受巨大压力的系统，但我们越贪婪地从我们赖以生存的生态系统中攫取，就越逼近那个可能导致不可逆转的大崩溃的临界点。

人类对此负有责任，但并非所有人都有相同的责任。特权群体和地球上较富裕地区的人比其他地区的人使用了更多资源，燃烧了更多碳燃料。当我们共同努力改变方向的时候，我们必须把生态公正纳入社会公正，反之亦然。我们必须保证那些对地球造成较小负担的人不会继续为此付出不成比例的代价。

气候变化对教育的影响

目前，气候变化和生态系统不稳定正在或直接或间接地影响着我们的教育。极端天气及与之相关的自然灾害愈演愈烈，甚至会剥夺人们受教育的机会。儿童、青年和成年学习者可能会被迫转移到不完善的教育地点。校舍可能被摧毁，也可能被重新规划利用为避难所或服务点。即使在那些学校和大学仍能正常运转的地方，气候变化引发的自然灾害也可能导致居民流离失所，从而造成师资短缺。

气温升高给教育带来了特殊风险。大量研究表明，高温会对学习和认知产生不利影响，而目前，全球大多数学校和家庭缺少能有效降温和控制气候的适当的材料、建筑和技术。这些问题在极端炎热的国家和周期性剧烈升温的国家（许多都是富裕国家）中确实存在。最新预测表明，如果温室气体的排放量没有显著降低，那么到2070年，世界上可能有多达三分之一的人口会居住在炎热得不适合人类生存的地区。世界各地的许多学生已经习惯了因为气温过高或其他极端天气而被要求不要上学、留在家中的指令，而这些极端天气的规模、程度和频率只会继续增加。

气候变化和污染除了对学生、教师和学校共同体产生直接影响之外，也会间接地影响民生和福祉。粮食安全每况愈下，疾病传播和愈演愈烈的经济不稳定都为保障受教育权增加了新的困难。我们知道，这些情况的影响也是不均衡的。

有证据表明，气候变化加剧了两性的不平等，而在最贫穷、最边缘化，以及依赖自给农业的人群里，这种现象尤为突出。在资源稀缺的地方，资源往往分配不均。当妇女和女童因气候变化而流离失所的时候，她们陷入贫困陷阱的可能性往往较男性高出许多。她们通过包括教育在内的各种手段，回归原本生活状态的可能性远低于同龄男性。气候变化也会增加男性的向外迁徙，从而加重女性的家庭生存负担。在某些环境里，安排女孩早婚是家庭维持生计的有限选择之一，这会使她们失去在未来接受教育的可能。与此同时，妇女在谋求气候公正的行动中扮演着重要的角色——作为母亲、教师、工人、决策者、社区成员和领导者，她们往往站在适应和缓冲措施的最前线。

原住民妇女拥有有助于缓解和适应气候变化的知识，例如对森林的可持续管理、播种和汲水灌溉、保持生物多样性、提高农作物抗性以及对种子的保护和筛选，但她们的贡献往往被人们忽视。

无论在全球层面，还是在国家和地区内部层面，在公开辩论中，受气候变化影响最严重的人往往少有发言权。除此之外，在讨论气候变化及其对教育的影响时，最支持教育的群体——学生、教师与家庭——也往往缺席。事实上，他们极其有必要带头决定教育如何回应此类问题。我们需要想出方法，让更多人能够参与其中。这些参与式方法不仅适用于教育政策与规划的制定，也要在处理地球和教育环境的人为改变时，用于相应的调查研究和知识生产。

目前，人的受教育程度通常与其不利于可持续发展的行为相互关联。最能加速气候变化的，正是全球受教育程度最高的国家与人民。我们期望教育能带领我们迈向和平、正义与人权，然而我们对于教育引导人类走向可持续发展，并培养可持续发展能力的期望及切实需要，才刚刚开始。我们需要强化这项工作。如果在当下接受教育，意味着我们要采取不可持续的生活方式，那么就要调整我们的教育理念，重新定义教育的功能与受教育的意义。

仍然有理由满怀希望

长久以来，教育一直遵循以经济增长为中心的现代化发展范式。但有一些迹象已经显示，我们正朝着一种崭新的生态导向的教育方式迈进，实行这种教育方式的基础是理解我们能够重新平衡在地球上的生活方式，能够认识地球上相互依存的系统及其局限性。每年四月的地球日已成为人类历史上最大的世俗庆祝活动之一。气候运动推动儿童成为积极的参与者，进而确保他们为自己勾勒的未来能得到倾听和实现。他们的行动是为另一种崭新未来所进行的预演。除此之外，可持续发展也正逐步被纳入教育的指导目标和课程的组织原则。

我们决不能低估2050年的未来，届时，人类的生态意识和我们与生机勃勃的地球相处的方式一定已经发生了根本性的转变。

虽然环境教育的重要性在这几十年来一直受到认可，许多政府的政策声明都赞同这一教育理念，但政策与实践之间存在严重的脱节，与结果之间的脱节就更严重了。研究人员在调查了气候变化教育的有效性后发现，此类教育大多只注重科学知识的传授，没有培养学生采取有效行动所需要的各种能力。因此，我们需要采取更有效的手段，培养学生们适应和减缓气候变化的能力。我们的策略应借鉴有关如何促进更深层次的学习和公民能力发展的现有知识，以及对如何发展生活、工作技能的最新研究成果。

我们需要采取更有效的手段，培养学生们适应和减缓气候变化的能力。

联结和分裂我们的数字技术

社会技术变革加速是我们现在所处历史时期的特征，其表现包括正在进行的数字革命，以及生物技术和神经科学的进步。技术创新已经改变并将持续改变我们的生活和学习方式。

我们可以利用数字技术、工具和平台支持人权发展，提高人类能力，推动集体行动朝和平、正义和可持续的方向发展。显而易见，数字素养和数字访问是21世纪的基本权利，没有这项权利，人们参与公民事务和经济行为会越发困难。人们痛苦地意识到，全球疫情使得那些拥有网络和数字技术的人能在学校关闭时继续远程学习（并从其他即时的重要信息中获益），而那些既不能上网也没有相关技能的人，则错过了学习和实体教育机构所能提供的其他益处。由于数字鸿沟的存在，国家之间和国家内部在教育机会和教育结果方面的差距进一步扩大。我们的首要任务就是缩小这一差距，把数字素养视为学生和教师在21世纪的基本素养之一。

然而，要想利用技术来提升人类能力，使世界变得更具包容性和可持续性，就需要有意识地鼓励这种做法。毕竟，技术常常会颠覆我们的权利、限制甚至削弱我们的能力，仓促使用新开发的“灵丹妙药”往往不能成功解决问题。我们要寻求渐进式的改进，建立一种鼓励技术实验的文化，同时也要承认风险，认识到没有简单通用的解决方案，只有这样做，发展才能取得好的结果。

数字化信息——所有被转换成数字序列，供计算机传输、存储和分析的东西——充斥在人类活动的方方面面。作为基础设施的一种形式（一种链接元素），数字对“联结”我们起到了很大的作用。然而，“数字鸿沟”依然存在，体现在以下两个方面：互联网的可接入性，利用技术实现集体和个人目标所必备的技术与能力。

数字化与数字技术之间存在着内在矛盾。数字技术具有多重逻辑，其中一些蕴含着能够极大地解放人力的潜力，另一些则可能产生巨大的影响，带来巨大的风险。在这一点上，“数字革命”与农业和工业革命等其他重大技术变革没有什么不同。在取得巨大的集体收益的同时，不平等和排斥也在不断增长，这一现象令人担忧。我们现在面临的挑战是如何通过发展工程技术，确保人权和机会平等，从而克服这些复合效应。

技术不是中立的，它能影响行动和决策的制定，会分化和重塑世界以及人类的理解和行动。

正如数字技术的一些特征能够促进知识和信息的共享，它的另一些特征也可能对知识多样性、文化包容性、透明度和知识自由构成重大威胁。目前，数字基础设施的算法路径、平台霸权和治理模式，都极大地挑战了教育作为共同利益的地位。其引发的问题，已经成为当代教育辩论的核心内容，特别是关于教育数字化和可能出现的新型混合教育或纯虚拟教育模式。

几十年来，教育界与数字技术之间不断产生各种突发的、紧张的纠葛。计算机已经在全球许多教室和家庭中得到普及：移动电话也越来越多地应用于不同的教育场景，在较贫困的环境中，尤其是在不太容易获得个人计算机的撒哈拉以南非洲发挥着至关重要的作用。互联网、电子邮件、移动数据、视频和音频流，再加上大量复杂的协作和学习工具，创造了海量的、令人兴奋的教育机会与可能性。

这些正在发生的变革，对受教育权，对与语言、传承和期待有关的文化权都有着重大意义。信息权、数据权和知识权，还有民主参与权也都会受到很大影响。在我们看到了数字化带来的颠覆性变革之后，人类尊严的核心原则开始发挥作用，这些原则包括隐私权和追求自我目标的权利。

信息通信技术的进步持续改变着学习的价值、学习的方式，以及教育体系的组织方式。数字技术大大降低了收集信息和根据信息采取行动的成本。信息通信技术也使更多人可以更轻松地参与这些过程。数字技术如何扩大收集和分析的信息量，如何扩大参与这项工作的人员数量和多样性，要回答这些问题，各种公民科学项目和开放科学项目是极佳的案例。数据的产生、流通和使用，以及数据在数字处理过程中所形成的知识，改变了科学进步和专业能力发展的方式，也改变了全球公众获取或无从获取信息和知识的方式。同时，以计算机来辅助收集和分析数据具有巨大的便利性，与这种便利性相比，其他论证和建构意义的方式迅速变得黯然失色，其结果便是，相比于个人经验和其他适切却很难被量化的信息类型，我们总会更重视数字化的数据集。

在当下的世界里，我们在一个口袋大小的手机上可以即时获得的文字和图形信息，比几千年来最大的实体图书馆所能提供的信息总和还要多，随着我们逐渐适应这样的世界，教育需要超越传播与传承知识这一职能，转而确保通过知识切实地增强学习者的能力，并确保学习者负责任地使用这些知识。我们面临的一个最重要的教育挑战，便是为人们装备理解这片只需划动几下屏幕、轻敲几下键盘就能获得的知识汪洋所必需的工具。

数字知识和它所排斥的

数字技术已经开始反映出后文艺复兴时代西方独有的，一种特定的、占主导地位的知识类别，这类知识使许多本土知识被边缘化了。天文学家、气候学家和气象学家拥有技术和由技术得来的数据，他们把渔民、水手和探险家的气候和航海知识挤到边缘。与之相似，农民、猎人、采集者和牧民掌握着几个世纪流传下来的知识，但因为农学家、林业专家、专业护林员、制药公司和营养学家采用专门的技术知识，这些知识也被边缘化了。这种对非技术认知方式置之不理的态度，使人类失去了大量关于人类、自然、环境和宇宙的宝贵知识。这些知识构成了人类文化多样性的基因，教育者本可以在辨别、挽回和重建这些知识方面提供极大助力。但事与愿违，教育学本身也已经成为一门专业学科，对非正式的、本土的、不易获得的知识持拒绝或怀疑的态度。

有一种最宝贵的知识形式也遭受着数字化胜利的威胁，那就是社会本身。尽管数字知识经常被夸耀能够增强人们的分享、连通和人际关系，但是大多数以利益驱动的数字知识所依赖的，却是用户、顾客或观众等个人的孤立，它还很容易助长人们的孤独、自私和自恋。然而，由于数字素养、设备、平台和带宽在国家之间和国家内部的分布非常不均衡，因此，对于那些重视和依赖本土、低技术、短期和非商品化的知识形式的人，人们往往会视而不见。

“数字鸿沟”存在的一部分原因在于，从定义上来说，它忽略了在其之外的东西，以及所有不能为其技术所测量、存储和分析的东西。从这一角度来说，它被称为“平台霸权”的确相当恰切。解决这个问题的方法，远非增加数字技术的包容性那么简单。它是一个更为复杂、需要更多公众参与的过程，我们要找到利用数字资源服务于共同利益的方法，另外也要对其范围之外的事物有一个全新的认识。

我们必须一同支持和提升我们抵御数字技术负面效应的能力，这些负面效应或将在2050年变得越来越普遍——尤其是在我们依然拘泥于知识的数量、算法和“问题解决者”等定义的情况下。但是，抵制这些趋势并不意味着抵制数字化进程本身。

在新冠肺炎疫情席卷全球的时代，我们已经看到，数字技术对于公共健康和公共教育是必不可少的：它是远程教育、追踪接触者、追踪疫苗接种情况、查询关于病毒的可靠信息等活动中不可或缺的工具。即便如此，未加解读的数字、缺乏文化包容的连通、缺少赋权能力的信息，还有教育领域里目标含混的数字技术，它们都不是人类发展的理想手段，也不会对人类发展有所帮助。

> 未加解读的数字、缺乏文化包容的连通、缺少赋权能力的信息，还有教育领域里目标含混的数字技术，它们都是不可取的。

在许多关于数字革命的评论中，我们都读出了颂扬的口吻，尽管如此，我们却能从中看出，人们尚未充分利用这些技术带来的深刻的变革机遇。我们现在使用的数字平台，大多符合进一步推动商业发展这一目的。但是将其设计出来的群体仍在程式化地排斥弱势群体，不把妇女，语言、民族和种族少数群体，以及残疾人纳入其中。这使得数字平台中长期存在偏见和误导信息，无法代表人类整体。我们目前所使用的强大数字技术的命运不该是这样的。与人们为数字平台建立以及所期望的常规商业模式相比，它在为人们赋能和建立联结等方面可以做得更多。

要想打造一个更为灵活的数字环境，我们首先需要对其底层基础结构进行脱钩，将其从商业模式和监管的专制冲动中脱离出来，因为这些因素目前限制了数字技术朝积极方向的发展，也限制了它造福于公共利益的潜力。

入侵人类学习者

生物技术和神经科学的发展，正以过去无法想象的方式释放人类遗传工程的潜力。为了确保影响人类基因组成和神经化学的技术发展能够支持可持续、公正与和平的未来，我们更加迫切地需要在公共领域对其进行合理的伦理治理与道德审议。

研究人员现在可以不再通过行为推断脑功能，而是使用新的神经科学仪器，直接检查人脑是如何运作的。然而，大多数记录脑数据的现代方法依赖高度受控的环境，远离现实生活中的教育环境与互动。识别人们在从事不同的学习活动

（如语言理解或数学推理）时，脑的哪些区域被激活，是当今十分流行的一项研究。可是到目前为止，这项研究对教学设计的帮助微乎其微，还需要额外的转化研究。

尽管如此，我们通过将脑视为一个生物器官，将其置于更适合或更不适合学习的条件下进行研究，还是积累了许多有价值的见解。作为身体健康的组成部分，脑健康的重要性不言而喻，其重要性增强了学习与人类整体福祉之间的相关性，并进一步使受教育权与健康权等其他权利之间的联系具体化。

越来越多的证据表明，人脑具备神经可塑性，这意味着脑在人的一生中会发生生理变化。虽然幼年期是脑发育的关键时期，但我们现在也认识到，脑在各个年龄段都有相当强大的学习能力和“重新布线”的能力，某些化学物质可能在促进人脑重新布线方面发挥重要作用，例如帮助患者克服创伤。这些见解对成人教育和学习有潜在的影响。

> 虽然幼年期是脑发育的关键时期，但我们现在也认识到，脑在各个年龄段都有相当强大的学习能力和“重新布线”的能力。

神经可塑性对人类适应环境变化和技术变化也有重要意义。正如这份报告指出的，不仅是儿童，所有年龄段的人们都将越来越多地被迫学会在一颗受损的星球上生活。随着全球更多的人参与基于屏幕的数字化阅读，神经可塑性也开始发挥作用。注意力易分散，难以长时间集中注意力，以及列表式阅读、略读模式的兴起等一系列重要问题，都已引发人们的担忧。脑为了提高其自身完成任务的能力，会通过某些方式进行自我改造。目前对这些改造方式的研究已经有效地提醒我们，与印刷品相关的线性阅读本身，是一项极其复杂的神经任务。许多学者已经指出了这对人类文化和生物学的意义，他们描绘了多种人类文化从口头到书面的转变。从某种意义上说，我们人类已经“入侵”自己相当长一段时间了。许多人准确地提出，用不了多久，我们就会适应摆在我们面前的崭新阅读技术。就教育的未来而言，这种选择不应该表现为在数字阅读和纸质阅读之间二选一，而应该表现为教师努力培养学生的多种读写能力，确保他们既能锻炼到线性阅读的能力，也能锻炼到列表式阅读的能力。印刷品和数字文本应该被视为两种相辅相成的文本格式。

神经科学和生物技术的新兴发展，能否得到我们的正确引导，将取决于我们是否拥有开放的数据、开放的科学，和对受教育权更广泛的理解，将网络连通权、数据权、信息权和隐私权纳入其中。

民主倒退，两极分化加剧

在人权受到尊重的参与式民主环境中，批判性思维和创新蓬勃发展，个人与集体的目标得到实现。然而，在过去的10年中，全世界人民目睹了民主治理的严重倒退，以及带有民族主义色彩的排他民粹主义情绪的上升。这种情绪滋生于全球化世界秩序导致的落后者的不满。在全球化大潮下，壁垒被推倒，边界消失，人员、商品和思想以近代以来未有先例的方式扩大流通。人口迁移和因冲突、经济困难和气候变化等压力导致的流离失所又进一步加剧了这种状况。

有研究和监测全球民主状况的组织以各种方式描述了这些变化的影响。《经济学人》杂志将这种转变描述为从**完全**民主到**有缺陷的**民主；民主多样性网站则将其描述为从**选举民主**到**选举专制**。撇开术语不谈，对许多人来说，今天的民主似乎比不久之前的民主要脆弱许多。

从民粹主义领导人崛起，表现为民族主义形式的本土主义日益发展，到社交媒体有能力实时传播故意误导民众的“虚假新闻”，操纵数据、面向特定群体精准投放信息，从而影响社会行为，这一变化过程涉及很多方面的因素。精英们狂妄自大，普通人则越来越普遍地对自己在世界上的地位和更加不确定的未来感到焦虑，这些因素助长了这一变化。

世界的分裂和两极分化的趋势愈演愈烈，许多民主机构都陷入困局。那些认为民主没有兑现其承诺的人质疑它们，那些认为民主已经走得太远的人也质疑它们。种族优越论者的理想和沙文主义获得众多拥趸，对多元身份认同及与之相关的对话和理解则遭受损害。权利——公民权利、社会权利、人权和环境权利——正在被通过煽动恐惧、偏见和歧视来统治国家的极权政府剥夺或削弱。

教育扎根于地方、国家和全球各层级的人权、公民意识和公民参与中，随着公民话语体系日渐崩溃，言论自由遭受越来越多的侵犯，教育也将遭受严重打击。

随着公民话语体系日渐崩溃，言论自由遭受越来越多的侵犯，教育也将遭受严重打击。

与此同时，在许多领域，积极的公民动员和行动主义日渐高涨。与分裂趋势相反的运动使我们看到了参与式民主政治的韧性和它的崭新未来。这些运动包括通常由年轻人领导的生态保护运动，以及公民与剥夺少数群体基本人权的政权所进行的斗争，其中包含全世界人民对恢复民主权利、尊重法治的强烈要求。这些运动既包括“黑人的命也是命”等反种族主义运动、反对性别骚扰和暴力的“我也是”运动，也包括对取缔课程和教育机构中的殖民化内容的呼吁。

我们要把这些运动所关注的东西逐渐渗透到未来的课程中。要想推动和实现健全且有民主精神的公民权、协商空间、参与性进程、协作实践、人与人之间相互关爱的关系和我们共同分享的未来，教育必须发挥其重要作用。

新冠肺炎疫情引发的全球卫生危机，给许多公民参与行动带来了推动力和紧迫感，在有关整个社群团结一致的众多案例中，我们能看到团结的觉醒。许多政府认识到，没有整个社会的帮助，没有个人的责任意识和人与人之间的相互关爱，我们就无法应对公共卫生危机和其他紧急情况。我们重新发现了社会。

同时，这次疫情也加剧了民主的倒退。我们看到了行政权力的扩大、监控的增加、对公众聚集和行动自由的限制、军队在平民地区的部署，以及选举日程的中断等各种由疫情引发的结果。无论确保公共卫生的基本原理如何，我们都要记得，在公共紧急情况下发生的事情，正是治理方式的一种明确展示。

这些政治变革产生的未知干扰，将伴随我们至少几十年，并对教育产生许多影响，这一方面是因为它们将影响教育议程，另一方面也因为教育机会、课程体系和教学方法会反过来作用于全球政治变革。

世界正处在一个转折点上，参与政治的公众群体在形成过程中越来越缺乏耐心，而这在一定程度上受到了社交媒体的节奏的影响。当我们无法相互倾听时，公共生活就会受到严重的限制。我们需要更多地关怀他人、尊重他人，这正是教育可以大显身手的领域，与此同时，教育也要培养学生积极投身公民事务和民主参与的能力。

未来工作的不确定性

未来的教育将如何最大限度地支持个人、社群和社会获得有意义的工作，提高生活水平？

国际劳工组织劳动世界的未来全球委员会在2019年就确保以人为中心的未来

工作提出的建议是一个重要的起点。这份议程把人们与其从事的工作置于经济和社会政策与商业实践的中心。

今天，失业率仍然居高不下。数十亿人口正从事着不稳定的非正式工作。三亿多带薪劳动者仍然生活在赤贫之中。数以百万计的成人和儿童被困在现代奴隶制环境里。我们在确保工作场所安全、消除工作场所骚扰方面，仍有待加强。在世界大部分地区，男性与女性在劳动参与率和薪酬方面仍然存在巨大差距。

自1990年以来，全球几乎所有地区和收入阶层的劳动参与率都在缓慢下降。青年（15—24岁）参与率尤其如此，该比例从1990年的50%下降到今天的不到33%。虽然其中有一部分原因是在过去30年里中等和高等教育水平有所提高，但如今有五分之一的青年既没有就业，也没有接受教育或培训。四分之一的青年未充分就业。

在劳动力市场参与和就业机会方面，性别差距仍然很大。在过去几十年中，女性劳动力市场参与率在持续提高，随着时间的推移，性别差距不断缩小，但由于她们的起点太低，所以差距仍然很大，这种现象令人担忧。2019年，女性劳动力参与率低于50%，而男性接近75%。虽然更高的入学率会对女性的参与率产生影响，生活水平的提高也可能导致妇女自愿离开就业市场，但是有大量证据表明，妇女可获得的工作普遍质量较低，无薪劳动和家庭劳动也一直阻碍着女性提高在有薪劳动力市场的参与率。

男性和女性的职业隔离长久存在，这也是巨大的性别差异的一个指标。总的来说，所谓的正式“工作”和“生产力”使大量基本劳动被人们忽视，包括那些对社会至关重要，但往往被女性化，并在家里进行的工作。这些工作包括照顾家人、养育子女、照料病人、打扫卫生、做饭、向他人提供身体和情感上的支持。即便这些工作被转化为正式工作，其报酬和社会地位也较低。

提高工作质量，以人们自己理想的方式扩大个人追求经济安全的选择范围和自由度，这些目标在今后的一段时间里，尤其是受新冠肺炎疫情影响，处于经济动荡和增速放缓的短期内，会是一个持续性的全球挑战。这场全球危机以各种方式扰乱了工作世界，其中一些方式已经开始凸显，许多人认为它们还将产生长期的不良后果。工作场所大量关闭，工作时长不断缩减，这已经对全世界数百万人造成了影响。国际劳工组织目前估计，多达1.5亿个工作岗位可能已经消失。

新冠肺炎疫情使我们在缩小性别差距、扭转全球不平等造成的损害等方面付出的努力遭受了重大挫折。尽管最初有观点乐观地认为居家工作可能有利于女性专业人士，但事实恰恰相反。在全球所有地区和大多数国家中，不论何种收入水平，女性受失业影响的程度都要远远大于男性。

新冠肺炎疫情使我们在缩小性别差距、扭转全球不平等造成的损害等方面付出的努力遭受了重大挫折。

展望未来工作世界，我们面前出现了一幅极具挑战性的图景。人工智能、自动化和机器人等技术进步在创造新的就业机会的同时，也将取代许多人，而在这一过程中失去工作的人，可能正是那些对抓住新机会最欠缺准备的人。

随着我们开始采用可持续做法和清洁技术，我们的经济绿色化将创造数以百万计的新就业岗位，但各国缩减碳密集和资源密集型产业的做法，也会使一些原本的就业岗位消失。平台经济会重新催生出类似19世纪的工作方式，以及未来几代人的“数字零工”。今天培养的技能不太可能与明天的工作要求一致，许多技能都将面临淘汰。这些转变对教育和培训体系提出更多要求，我们期待教育能够更多地帮助到那些直接经历劳动力市场转型的人。

教育、技能发展和从学校到工作的过渡

这些反复出现的挑战和近期的挫折都对教育和培训体系产生了影响。在为受教育者提供准备和支持，帮助他们在自由和有尊严的条件下追求经济福祉这方面，学校和其他教育机构可以发挥重要的作用。无论受教育者最终从事何种工作，是在正式经济中，还是在包括家务劳动、护理工作和其他劳动形式在内的非正式经济中获得成功和成就，我们都期望，在促进平等的经济机会、允许人们追求有意义的职业方面，教育能够发挥其作用。

然而，教育并不能弥补其他政策领域的不足，及这些政策领域已经并将继续造成的工作质量下降和普遍失业。教育虽然是这一复合体中的一部分，但宏观经济、产业和就业政策是创造高质量就业的更有效杠杆，尤其是在短期内。受教育程度和青年失业率有时会同时上升。找不到与个人抱负、技能和能力相匹配的工作这种不充分就业的情况是持续存在且日益严重的全球性问题，即使在全世界最富裕的那些国家里，大学毕业生也会面临这种情况。这种不匹配是非常危险的：社会科学家已经指出，受过高等教育的人口无法将其技能和能力应用于体面工作

的情况，往往会导致不满、骚动，有时还会引发政治冲突和内乱。

在从学校到工作的过渡过程中，能力不匹配是一个不容忽视的问题。学习必须与工作世界相适应。年轻人需要教育提供强有力的支持，使他们可以在完成学业后，融入劳动力市场，根据自身潜力为所在社区与社会做出贡献。行业和社区的领导者务必更好地参与中等和高等教育，以确保学生有机会接触到工作世界和各行各业。教育机构不仅要提供职业咨询服务，还要以终身学习的形式，向教育工作者提供支持，使他们的教学能够跟得上职业和工作世界的变化。无论是经由中等教育还是高等教育，在为学习者提供职业技术教育培训时，都应结合基于工作实践的学习机会。这样做不仅能为学习者带来现实世界的经验，还可以提高教育和培训的质量与适切性。同样重要的是，我们必须确保这些学习路径在为学习者提供直通特定职业的科目选择的同时，不会剥夺其未来在其他方面的学习机会。

教育本身并不能产生劳动力需求，也无法解决结构性失业问题。近年来影响职业技术教育培训和技能发展的过多“供给侧”改革本身，并不会创造就业岗位或促进就业增长。

但教育可以对人进行塑造，使人们能够进行创新、应用知识、解决问题、完成复杂的任务。尤其在更高层次上，学校教育不但能培养出拥有复杂知识和认知能力的人，而且可以期望他们有机会好好利用这些知识和技能。我们把所有关注都放在就业教育或培养创业技能的教育上是错误的。教育应该使人们能够为自己、为家庭和社区创造长期的社会和经济福祉。

教育应该使人们能够为自己、为家庭和社区创造长期的社会和经济福祉。

学会与技术共生对我们的未来工作世界至关重要。为了迎接绿色经济和碳中和的未来，最佳策略之一是通过教育的资格认证、教学计划和课程体系向受教育者提供“绿色技能”，使之足以应对新兴的绿色职业和行业，以及那些正在向低碳经济转型的行业。另外一个重要措施是把我们的学习环境全面绿色化。为学生赋权，让他们带头创建碳中和的教育体系，使其准备好在绿色经济中从事有意义工作，是一个前景广阔的策略。

学历认证在未来的变化

学历是教育和劳动力市场的交汇点。学校、大学和职业技术教育培训课程的一个关键作用是认证技能、能力和知识的掌握情况。越来越多的人意识到个人具有被承认和验证其学习的基本权利，即使在非正规和非正式的教育环境中也是如此。

仅仅关注学历本身是不够的。虽然考虑结果很重要，但我们不应忽视处于教育核心的社会过程和互动。学历往往只是一个人能做什么的“象征”，它能起作用，主要是因为社会的信任，这也证明了信任在教育目的和活动中的价值。

随着职业和就业的变化日益普遍和不稳定，我们要进一步研究如何使人们更顺畅地变动职业。为了确定社会要大力培养和发展哪些职业和工作类型，政府、教育工作者、雇主和公众需要更加紧密地合作。监测和分析劳动力市场的变化、职业和工作技能需求的变化，这一系统正变得越来越复杂，教育和培训体系需要更好地利用这些信息，调整培养方案，为工作世界提供更具适切性的学习选择。各类机构在其资格认证、课程体系和培养方案方面，都需要眼光向外、更加进步。

劳动力市场的结构转变

除了技术进步和环境变化，一系列不同的结构性经济因素也正在重塑劳动力市场。我们正在目睹“临时工”、自由职业者和外包经济的崛起，非正式经济对全球数十亿人的重要性在未来很可能还会加强。上述新的就业模式将进一步提升各行各业不断增长的对现有工人的再培训和技能的需求。教育培训体系应该继续提供更加灵活的学习选择，配合更广大的学习群体调整学习的内容、地点和时间。

人口变化也是影响未来工作的一个关键因素，这一因素到2050年可能产生相当大的影响。在一些地区，青年人口迅速增加，这势必加剧青年失业和移民压力。而其他一些地区则面临人口老龄化给社会保障和其他关怀体系带来的额外压力。

目前，国际社会使用“抚养比”计算方法，将总人口与年龄在15—64岁之间，被认为具有经济生产能力，因而拥有抚养少儿和赡养老年人的手段的人口相比。到2050年，欧洲、北美洲的抚养比预计将大幅上升，而亚洲、拉丁美洲和加勒比地区的抚养比将温和上升，这意味着更小的工作群体将为更大的不工作群体（主要是退休人群）提供赡养。与此同时，非洲的总抚养比将有所下降，因为该区域将有一半人口不足25岁。

人口结构的变化，即少儿和老年人的比例都在增长，会对工作世界和教育培训体系产生巨大影响。与此相关的趋势是扩大人们接受职业技术教育培训和成人教育的机会，振兴终身学习。人类的寿命也可能延长，因此，至少对某些人来说，他们的工作时间也会随之延长。如果老年人能够保持活跃，参与工作，那么他们将运用自己的技能和经验，使社会和经济更加富足。为年轻人赋权，让他们充分发挥自己的潜力，增加他们获得新机会的可能，这都将使他们成为未来变革的推动者。这就意味着，我们应该投资于人们的能力，使他们有机会接受技能培训、再培训和技能提升，帮助他们为一生中将要面对的各种转变做好准备。

随着这些转变的发生，我们对教育的需求也将发生变化，一些需求可以通过构建模型来解决（比如需要在某些地区扩建小学教室、招聘更多教师），但对于另一些需求，鉴于它们与其他因素盘根错节，其变化的轨迹充满了未知性，就不能这样处理了。为此，教育和培训机构需要加强与当地社区的联系，将自己确立为当地的锚定机构。学校和教育机构也要与当地的其他机构密切合作，只有这样，才能使自身更好地了解和满足当地社区的学习需求。

什么样的工作在未来是有价值的?

在我们迈向2050年之际，出现了一种可能的情景，它将代表人类历史上前所未有的巨变：无论从业者技能如何，他们都有可能因突破性的技术进步而失去在正式经济活动中的工作。在一个只有少数人拥有正式工作的社会里，教育如何发挥作用？如果没了正式工作，人们为了生活需要怎样的新型教育？

> 如果没了正式工作，人们为了生活需要怎样的新型教育？

人类社会已经进化到了重视个人工作的程度。从几千年前开始，人类就梦想着摆脱沉重的劳动，步入一个自由的黄金时代。但如今的问题，似乎不是怎样利用这些前所未有的休闲时间。大规模失业的幽灵正在富裕国家上空盘旋，正如几十年来贫困国家的境况。我们对许多事情都需要重新考虑。我们最好把人类的生产和创造冲动导向对社会和个人有益的方向，可要如何做呢？

幸运的是，一些关于这种可能性的最好建议同样适用于教育目前为创造体面工作所做的努力。围绕工作和地球的未来的多重不确定性表明，我们应该优先考虑学习者创造意义的能力。

事实上，我们需要深刻反思，创造价值首先意味着什么？我们在思考工作和教育的未来时，面临着一个选择：是该坚持普遍存在而又自相矛盾的思维习惯，既对教育寄予厚望，同时抱有过低的期待，还是该关注教育如何能做得更好？

在未来，我们判断价值的方式和所重视的事物，都可能会发生改变，有别于人类以往在生存、农业、工业和后工业经济活动中所采取的任何方式。

经济安全不仅来自我们对正式经济的重视。我们也必须把家庭内部的照护工作、为大众提供公益资源的工作，以及政府所提供的利民基础设施（既包括物质，也包括监管）纳入考虑的范围。尽管我们的很多传统模式和既得利益横亘在前，但到2050年，人们应该能够普遍地对促进经济安全的因素拥有更广泛的理解。

当教育以更广泛的角度来审视正式的、有报酬的工作，甚至远远超越这一视野时，它才能更好地支持人们为个人、家庭和社区创造长期的经济福祉。面对不确定的就业前景，我们必须把灵活性纳入为教育的未来构建的新社会契约。

第二部分
教育革新

1921年，来自世界各地的教育工作者齐聚法国加莱，参与第一届新教育联合会，该组织的工作在接下来的20年里不断发展，帮助塑造了联合国教科文组织及其教育任务。在第一届大会上，他们宣布了“新时期的新教育”已经出现。

本报告的目标同样雄心勃勃。然而，它不仅仅是对重新开始的又一次呼吁。我们需要新的教学法、新的课程设置方法、对教师做出新的承诺、新的学校愿景，还需要重新认识与教育有关的时间和空间。但这并不意味着我们要抛弃已经拥有的东西。相反，我们必须从教育教学中识别出优秀的传统，传承这些优势，并在它们的基础上加入前景广阔的新元素，以帮助我们塑造人类和生命之星相互关联的未来。

在过去的一个多世纪里，社会和家庭希望义务教育学校兑现承诺，让其子女获得教育。学校教育在全世界的组织方式非常相似，尽管这些特征在不同的地区和文化中，拥有不同的结构，但它们无疑已经传播到世界各地，在各处盛行，打破了更早时期不同地区的教育参差不齐的状态。在19世纪和20世纪确立起来的教育社会契约逐渐被转化为以下组织学习的原则：第一，教育被视为一个教学项目，根植于教师在班级和教室中所教授的课程，教学环境是共享的，但个人成就是最重要的事情。第二，教育通过课程安排来实现，课程则被组织成一个用学科编织起来的网格。第三，授课被认为是一种孤立的实践，依靠教师个人的专业能力组织有效学习，且学习范围通常不会超出单一学科。第四，学校按照同一种模式进行统筹安排，这种模式不考虑学校所处的背景如何，在建筑、组织和程序上都有着相当大的相似性。第五，组织教育的目的，是使一群年龄相近的学生，到一个与他们的家庭和社群有一定距离的专门机构中学习知识，当这些儿童或年轻人被认为已经为他们未来的成年生活做好准备时，学习也就结束了。

新的教育社会契约必须加强教育，使之成为一项公共事业、共同的社会承诺、一项重要的人权，以及国家和公民的一项重要责任。反过来，教育的一个关键作用是培养推动人权事业的公民。这就要锻炼学生的能力，使他们成为自主的、有道德的思想者和实干家。教育不仅要让他们具备与他人合作的能力，发展他们的能动性、责任感、同理心、批判性和创造性思维，还要让他们掌握全方位的社交和情感技能。为了使教育能与这一雄心勃勃的愿景相匹配，我们有必要寻找组织学习的各种新方法。教育可以被视为帮助人类实现彼此和睦、与地球和平共处的核心要素之一。本报告的第二部分提出了实现新的社会契约的方法，即应当推动受教育权向前发展，巩固教育作为共同利益和集体事业的地位，从而增强我们的关怀与合作能力。

在这五章里提出的对话与行动指导原则，是委员会在过去两年里进行的全球协商的结果，这些协商尤其得益于年轻人的贡献。除此之外，这些指导原则也源于学术界和专业共同体经过几十年的研究和反思，建立起来的完善的教育科学知识库。

如何将这些指导原则转变为政策和实践，掌握在本报告所有读者的手中。每一位学习者、公民、教育者和家长，都有潜力和能力在当地从事工作、联络远近，为改革日常教育实践、教育制度和教育体系的事业添砖加瓦。正是这些大大小小的合作和伙伴关系，将最终改变我们的未来。委员会编写这份报告的目的是扩大讨论范围，为这一改革贡献思想和原则。本报告的编写是一项集体事业，而将其中的思想付诸实施将是另一项集体事业。

第 3 章

团结合作的教学法

真正的教育必须充分考虑受教育者的目的，激发他们的能量。为了达到这种效果，教师必须与学生建立起关怀和信任的关系，只有在这种关系里，学生和教师才能合作构建教育目标。

—— 内尔 · 诺丁斯（**Nel Noddings**），《教育哲学》（*Philosophy of Education*）

在新的教育社会契约中，教学法应根植于合作和团结，培养学生和教师为了改变世界，相互信任、携手工作的能力。

要想使人们共同重新构想未来，就需要那些能够促进合作和团结的教学法。我们**如何**学习，必须由我们学习的**原因**和**内容**决定。我们对教学和促进人权做出了一个基本的承诺，这就意味着我们必须尊重学习者的权利。我们必须为人们创造学习的机会，让他们可以不分性别、宗教、种族、性别认同、社会阶层、是否残疾、国籍等，相互学习、彼此尊重。尊重人的尊严，意味着教育要教会人们进行独立思考，而不是思考什么或如何思考。这表示，我们要为学生创造机会，让他们找到属于自己的目标，让他们自己决定什么样的生活是丰沛的。与此同时，我们都要参与到建设一个能实现这种生活的世界中来，这意味着我们要相互合作，一同提升改善世界的能力。

团结合作的教学法应以非歧视、尊重多样性和补偿正义的共同原则为基础，以关怀和互惠为框架。这些教学法不可避免地对人们的参与、协作、提出问题，以及对跨学科、跨代际、跨文化的学习提出要求。这些教学法既得益于知识共享，也有助于知识共享，它们可以贯串人的一生，彰显每个年龄段和教育水平中蕴含的独特机遇。

主动学习强调发展概念性和程序性知识的重要性。它承认为了培育知识、培养将知识转化为行动的能力、增强行动力，需要认知和情感上的投入。教学实践以几代人的经验、反思和研究为基础，并依据当前和未来出现的紧急情况，不断重塑自身。学习以真实性（理解所学内容与我们居住的世界的关系）和适切性（理解我们所学内容与我们的价值观的关系）为强大动力。基于某一项目或问题的学习，能使我们有更多机会进行具有真实性和适切性的学习，还能激发我们对认识和理解产生内在兴趣。

本章的前半部分强调以合作和团结为基础的几种可能的教学法，其中包括协作、跨学科、提出问题的教学法，珍惜并保持多样性的教学法，鼓励学生摒弃偏见和分歧的教学法，疗愈不公正所带来的创伤的教学法，以及运用有意义的评价发挥教学优势的教学法。这些方法适用于所有发生于包括博物馆、图书馆、夏令营和社区中心在内的正式及非正式环境中的教育。本章接着对这些教学法的使用情况进行了仔细的检视，在人生各个阶段参与的正规教育中，教学都要优先考虑该阶段独特的需求和机会：支持幼儿基础教育和贯串整个儿童时期的各方合作；释放青少年的独特能力；更新高等教育的使命。本章最后对相关人士，尤其是教育工作者和教育体系内的管理者和规划者，提出了2050年对话与行动的指导原则，它们包括：与更广阔的世界形成更深层次的联系，促进合作，构建道德基础，培养同理心，利用评价手段来支持学习过程。

重新构想教学方法

教学是关系性的。教师和学习者在相互学习的过程中，都会经由教学际遇而发生改变。教学际遇是指个人与集体同时转变时彼此之间富有成效的张力。我们的内在生活影响着我们的环境，同时也深受环境的影响。

学生、教师和知识构成了经典的教学三角。教与学都由知识共享滋养和促进。通过教学际遇，教育把我们与人类积累的知识传承联系起来，也让我们有机会为之做出贡献。

今天，我们需要在更广阔的世界里对这一教学三角进行设想。我们需要有助于我们在世界**中**、与世界一**起**学习，并改善世界的教学法。这些教学法要求我们继续学习个人尊严，以及良知和思想自由的权利所代表的伟大成就，同时摒弃人类例外论和占有性个人主义的谬误。它们应以互惠和关怀的道德为基础，承认个人、群体和物种之间的相互依赖。它们应该鼓励我们理解彼此共通之处的重要性，理解将我们彼此和地球联系在一起的系统性互赖关系的重要性。

教师和学生需要组成一个求知者和知识构建者的共同体。

教师和学生需要组成一个求知者和知识构建者的共同体，这一共同体既受人类知识共享的滋养，也要为其做出贡献。要想做到这些，就要思考哪些是已有的，哪些是可以构建的；还要承认，每个人，无论是教师还是学生，都有权认为自己能够与他人一起创造知识。

所有教学意图的背后，都隐藏着意义和目的的问题。教师以活动和互动的形式向学生提供的是什么，其目的又是什么？学生们为他们自己在学业上的努力赋予了哪些意义？

教学际遇带来改变，使我们能够和同学、同龄人及社群成员对话。教师有效地运用教学的艺术、科学和工具，为学生提供探索、创造和与已知或未知的事物互动的机会，培养他们的好奇心和学习兴趣。以下各节将向大家呈现一些有望成功的、把新的教育社会契约转化为教学际遇的策略。

跨学科、问题导向的协作学习

未来将给学生们带来新的问题和机会。通过有意识地培养学习者认识问题和解决问题的能力，我们可以把世界将继续变化的意识纳入课程体系和教学当中。提出问题式的教育可以让学生加入需要发现与合作的项目、倡议和活动中来。面对明确的目标，学生必须跨越学科界限，找到可行且富有想象力的解决方案。关注学习过程中的问题和项目，可以让学生落脚于他们的个人经历，帮助他们认识到世界是多变的，而不是一成不变的，积累知识，锻炼洞察力，发展读写能力和有意义表达的能力。

《2030年可持续发展议程》认识到，学生需要考虑融合多种多样的方法来解决他们面临的问题。尤其是可持续发展目标4.7确定了学生的全球公民身份，他们需要在一个日益相互依存的世界中建设可持续未来的相应知识和能力。展望2050年及以后，培养学生的这些能力会变得更加重要。可持续发展目标本身提供了一个框架，我们应围绕这个框架，构建基于问题和项目式的跨学科学习，帮助学生发展全面实现各项目标的能力。

对共同问题和共同项目的关注，意味着我们要优先考虑研究、调查和共建。通过强调如何共同发挥自主性，强调知识自身的多样性和相互交织的向度，个人的知识和能力在与他人的联系中得以扩展。项目式和基于问题的方法不会减少人们对知识的需求，而是将知识放在动态和应用的领域中。

许多具有高回报率的教育形式，都产生于超越明确的学科界限、不断涌现新思想的充实的环境中。教学法需要反映跨学科性，因为地球上的问题和谜团也不会把自己局限在学科界限之内。然而，正如某一个问题可能有多种解决办法，我们必须从多种教学法中，选择那些同时培养学习者相互依存和团结的价值观与原则的方法。服务式学习和社区参与减少了教室与社区之间的隔阂，使学生能够质疑他们的假设，并将他们与超越自身经历的更广泛的系统、过程和经验联系起来。学生脱离家长式专制的桎梏，秉持谦逊精神服务于社区，这一点至关重要，尤其是在与可能生活在不同境况中的人打交道的时候。服务式学习决不能局限于最有特权的人；所有学习者都该有机会迈出教室，为促进社群福祉的对话贡献自己的力量。服务式学习更有助于将团结，而非偏向权宜之计或自私自利的方案，纳入问题解决式教学法的核心原则。

珍惜并保持多样性和多元化

共同重新构想未来，就是设想一个更加多样、更加多元，具有更丰富的共同人性的社会。我们所需要的教育，要能够允许我们超越自己的居住空间，进入未知的领域。

团结的教学法必须建立在包容和跨文化教育的基础上——必须考虑到可能影响受教育机会的一切歧视和隔离的形式，其中包括儿童和青年的特殊教育需求，以及人们所面临的基于种族、性别认同、阶级、是否残疾、宗教信仰和国籍方面的偏见。鉴于每个人的现实生活都各有不同，获得包容的权利是所有人权中最重要的权利之一。教学应欢迎学生加入教育的共同体，帮助他们发展包容他人、尊重他人尊严的能力。没有包容力的教学，会削弱教育作为一种共同利益的地位，也会破坏建立一个所有人的尊严和人权都得到维护的世界的可能性。

学习过程本身必须以多样性、差异性和多元化为出发点，使学生能够直接面对偏见和歧视。没有任何一个人或任何一种观点能解决地球面临的所有复杂多样的挑战。团结的教学法还必须认识并纠正世界各地的种族主义、性别歧视、殖民主义和独裁政权所强化的系统性排斥和清除。如果不重视不同的文化和认识论、不同的生活方式和看待世界的方式，就不可能构建团结的教学法。团结的教学法能够实时地调用这些差异。

团结的教学法还必须认识并纠正世界各地的种族主义、性别歧视、殖民主义和独裁政权所强化的系统性排斥和清除。

全球人员流动性在不断增大，其中既有人主动选择离开，也有人被迫流离失所。这创造了一种新的教育现实，即世界上不同的文化和种族多样性被直接带入课堂和教育环境。教师在新的环境中，为拥有不同教育背景、语言和文化的学生授课。尊重、包容、归属、建设和平、化解冲突的教学不仅要承认和容许差异，还必须帮助学生，使他们可以肩并肩地合作共事。教育使年轻人能够理解他们的过去、现在和未来，并将其联系起来，分析塑造了他们的经历的不平等现象，勇敢地反对排斥和边缘化，这种教育是我们为应对未知的未来所能做的最好的准备。

全世界充满了各种各样的多文化、多种族的社会，教育应促进跨文化公民身份。除了了解多样性的价值，教育还应大力发展与不同群体、知识体系和实践进行横向的民主对话所需要的技能、价值和条件。跨文化公民身份的基础是确认一个人的文化身份。了解自己是谁是尊重他人的起点。跨文化教育不应是把文化少数群体、原住民或其他边缘化群体并入主流社会的工具，而应在我们的社会中推动更加平衡和民主的权力关系。我们需要的教学法，是在互补、互惠和尊重的基础上，促进知识、实践和解决办法的相互交流、相互充实的教学法。

我们通过彼此之间的差异，相互学习；通过共享环境，使所学产生意义。把“教学差异”与人工智能定义的超个性化学习区分开来非常重要，前者处理的是在一个共同空间内存在的不同，后者则将学习者从公共、集体的空间和关系中抽离并移除。我们要把我们之间的差异，化作更大的相互理解。

教学总是发生在一个新兴的、内在异构的、始终处于建设之中的时空里。同一本书可以有两个完全相同的副本，却没有两种完全相同的阅读方法。可以有两个相同的教学计划或课程单元，却没有两种完全相同的教学方式。这样的想法敦促人们，在面对“全球教育产业”中正在兴起的一些教育技术趋势时，应保持谨慎的态度。在自动化系统日益普及的当下，面对这些系统所应用的人工智能，及其为教学、学习和评价提供的现成途径，我们更需要人力的补充和制衡。在使用这些技术的时候，我们需要清楚地看到它们的局限性，看到强化现有权力结构和那些有问题的假设可能引发的风险，那些假设倾向于排斥学习表现与其他人不同的人。我们要把精力集中在共情、道德、团结、共建和公正等承担风险的实践上，这些实践没有技术捷径，我们只能踏实耐心地教授和学习。它们都是深刻的人类行为，最好由人类自身来促成。

学会摒弃分歧

合作和团结的教学法需要的不仅仅是接受和努力保持多样性，它还要求我们摒弃偏见、歧视和分歧。事实上，知识并不是打包好的用于传播的“成品”。教学不仅促进知识的传播，也可以阐明知识如何在历史中被建构，以及如何通过对话建构。

文化资源是我们与知识的关系的一个关键部分。教育政策正在越来越多地把目标放在解决由性别、种族、民族、宗教信仰、居住地、国籍、证件状态、是否残疾、性别认同或社会阶层出身所带来的不平等问题上，却对教育和知识共享领域里发生的，对集体记忆、愿望、文化传统和原住民知识的沉默和排斥不太重视。学会批判性地审视已经确立的正统知识是团结的教学法的核心。我们必须学会抛弃积弊旧习。

文化资源是我们与知识的关系的一个关键部分。

来到一起，探索彼此的未知世界，批判性地运用已有的知识，这一过程可能是困难的，甚至是危险的。所有的教育环境都应是安全的，甚至是可以让人想要从中寻求庇护的地方，在其中，学习者被鼓励去实验、去冒险、去失败、去创造。教学应该激发想象力和创造性思维，促进知识自由，这就包括允许学习者犯错和从错误中学习。这些环境有时甚至是混乱的，而允许和支持这种学习环境，对于发展真正的理解、同理心、伦理框架，以及接纳和认可不同的理解和观点，都起着至关重要的作用。教育者应该努力创造这样一种环境，即学生在其中刻苦学习新思想和困难的知识的时候，可以流露出脆弱的一面，可以不必害怕来自他人的评判。

学会疗愈不公正带来的创伤

认知与我们的感觉密切相关。人类的智力与意识、情感有直接联系。认识到这种联系，我们就开辟了教育领域的巨大可能性。我们可以驳斥任何孤立的、文化单一的观点，尊重一系列其他的认知和感受方式、不同的生活方式、不同的认识论。我们可以通过认识论的假设和观点之间的建设性的、横向的关系，来实现教学中的去殖民化。

我们还预见了教育对维护正义和团结的重要性。团结一直都是有凝聚力的社会建设的关键，并在最近成为正式和非正式学习中一个重要的教学目标。团结的教学法通过使学习者意识到自己对集体意识和行动的需求，来帮助他们超越压迫性的政权带来的影响。教育工作可以把同情、同理心和怜悯之心化为一种广泛的团结，从而创造疗愈人心的可能性。同理心作为一种关注他人、与他人感同身受的能力，连同道德一起，是正义不可或缺的组成部分。学会疗愈不公正带来的创伤，应成为团结合作的教学法的一个重要组成部分。

加强有意义的评价

在最基本的层面上，评价是一个自然的过程，是对学生在学习中取得的进步和面临的挑战所进行的一种系统性的实证观察。但是，当这一过程被编码、标准化，并被用于将学生分类和分流时，我们就必须谨慎地对待它了。所有的评价决策都基于一系列假设，这些假设必须与它们遵循的课程体系和教学法的设想协调一致。

当教育者从团结合作的教学法这一角度考虑问题时，他们必须弄清楚哪些教学目标适合被测量，哪些不适合被测量。许多重要的学习是无法被衡量或计算的。然而，说某些事情无法被量化，并不是说我们不能观察到它们的有意义的进展。例如，当一组学生通过谈判协商、解决冲突、进行实验这一过程，提高了自己倾听不同观点、给予和接受建设性批评、为彼此贡献力量提供充分的机会的能力时，从经验上来说，我们观察到了合作这一教学目标的实现。

评价理论层出不穷，人们在未来几十年中将继续讨论这些理论。教育工作者和决策者必须牢记，每一次测试、评价和分级都会留下教学痕迹。我们必须顶住压力，抵制把具有高度利害关系的考试制度推向年级越来越低的学生这一做法，因为这会限制学校和教师的教学选择，加剧竞争，减少学生合作和共建的机会。诚然，竞赛的一些要素可以鼓励学生个人和集体实现更大的提升，然而，教师应当为服务于具体的教学目标，自行决定何时利用竞争性活动，而不是为了应对来自遥远且陌生的标准程序的外部压力，不得不采取这种方式。

衡量和评价，对于人们理解教育的效果至关重要，但其指标必须是适当的、有意义的、经过深思熟虑的。私人家教——通常被称为“影子教育”——的全球扩张，就是一个典型的例子，说明狭隘地关注有限的教育成就（通常强调短期回忆和低阶认知技能）的衡量标准会如何削弱有助于学生实现更丰富的个人和社会目标的必要课程。展望未来，我们显然有必要扭转教育竞争日益激烈带来的不利影响，以及高利害考试制度所催生的对教学的狭隘关注。

各年龄段和阶段的教育之旅

参与式与协作式的教学法，适用于各个教育水平、所有正式或非正式的教育环境。这些教学法可被应用于人生任何阶段，不过根据人类成长和发展阶段的不同，人们获得的合作和在教学中共建的机会也各不相同。在全球范围内，教育水平通常被划分为幼儿教育、初等教育、中等教育和高等教育。虽然存在多元的人类智能，人类的兴趣和学习方式也存在巨大的多样性，且人类的发展并不是线性的，但依然存在某些更符合发展规律的学习支持方式，以及一些更稳妥的尊重学习者之间差异、促进个性化学习的方法。教育会经历不同的阶段，这一共识说明教育是一段旅行，一段充满目的、要让所有人都有机会参加的旅行。本章的以下部分将更仔细地研究在每个教育水平上、每个人生阶段中出现的教学难题和可能性，并且着重探讨如何采取参与式和协作式的教学法。

为幼儿基础教育提供支持

幼儿能以改变世界的方式见证这个世界。成人很少能以孩子的方式重新看待事物。孩子们对他人经历的关注，对未知但孕育着各种可能性的世界所表现出的好奇心，为所有年龄段的人树立了榜样。致力于发掘新生代的潜力，应成为幼儿教育的特征，事实上，所有的教育都应如此。

提供优质的幼儿教育是每个社会都必须优先考虑的事情。人类生命的早期是脑可塑性和发育速率相当高的一段时期，在这期间，身体、认知、社会和情感等方面都快速发展。一所实力雄厚的教育研究机构指出，幼儿教育十分重要，它是将来所有学习和发展的关键基础。

在幼儿教育中，大都隐含着合作和相互依存的教学取向。在这个阶段，教育应该强调密切的人际关系、探索和游戏。发展先兆与后期发展出的能力和性向并不一定完全相同，记住这一点很重要。即便是那些最重大的科学探究，也可能源自一种简单的痴迷，例如对昆虫的迷恋。充满想象力的角色扮演是文化熏陶的坚实基础。正如幼儿教育者告诉我们的，看似肤浅的游戏，往往是了解自己和这个世界的极其严肃的事情。

地球目前面临环境和气候变化的挑战，这对幼儿教育有重要影响。虽然以儿童为中心的个别教学法在许多场景中占据主导地位，但我们需要对这些方法做出修订，使其反映出儿童与其他所有人一样，都是这个并非人类独享的世界的一部分。幼儿教育在发展儿童与地点、儿童与其他生物的关系方面扮演着重要角色。为了更好地帮助儿童在未来的世界中生活，我们必须支持面向批判、挑战和创造新的可能性的幼儿教学法。

学校和家庭的联系在这个教育水平上往往最为紧密。家庭发挥着关键作用，需要得到外界的支持，从而帮助幼儿茁壮成长，促进他们在身体、社会情感和认知等方面的发展。我们知道，人类的学习是在与环境的持续互动中进行的。最佳的学习环境能为婴幼儿提供充足的母语（或语言）刺激。在亲子阅读和日常互动中使用丰富的词汇，有助于培养婴幼儿的读写能力，这种能力是教育的基本组成部分。把孩子塞进电视机、平板电脑或其他电子设备，并不能替代他们需要的高质量互动社交体验。政府和企业需要改进育儿假政策。对于父母和家庭来说，如果日托中心、图书馆、博物馆、社区中心和公园都能获得充足的资金，并被视为基本的公共服务，那么他们就会感到自己获得了支持，且当地的幼儿教育相当先进。“养育一个孩子需要一个村庄”这句谚语因被过度使用而成为老生常谈，但它之所以被人们频繁使用，在一定程度上正是因为它的核心思想引起了许多人的共鸣：幼儿教育是需要我们一同实现的目标。

遗憾的是，在许多社会中，幼儿教育没有像初等教育那样被视为一种公共责任。社会中往往没有足够的幼儿中心。这一阶段的教育者往往薪资很低，似乎他们所从事的工作中唯一重要的内容是照顾幼儿的身体。因此，一些最严重的不平等现象在幼儿阶段就已经出现了：受教育水平较高、资源丰富的家庭能为子女提供优质的教育体验；与之相反，那些只能依赖不甚完善的公共中心——它们往往资金不足、教育者报酬微薄且欠缺培训——的家庭则无法使子女获得这种教育。各国政府必须保证为优质幼儿教育提供充足且持续的公共经费，以确保所有儿童从出生开始就能一同学习、成长和发展。

幼儿很早就通过观察，而不是在成年人的直接指导下，了解了分裂我们社会的根深蒂固的不平等与偏见。例如，如果幼儿教育者中男性占比继续维持在2%以下，那么男孩们就会隐约地意识到，他们不必照顾儿童和弱者。如果儿童在最初的几年中不能很好地沉浸在家庭和传统的语言中，那么他们就很有可能失去与家庭成员的宝贵联系，以及其文化中蕴含的、把他们及其传统跨时空地联系起来的认知与交流方式。在许多社会里，学校被当作同化和压迫的工具，我们要尽快解决这一问题，纠正和关闭这些压迫性的机构。我们还必须采取措施，确保今后的幼儿教育举措能避免这些长期存在的文化疏离与偏见。幼儿期的教学必须支持和加强个人与集体的文化认同，在接纳多样性的基础上促进文化交流。

为所有儿童提供协作教育

尽管1990年至2020年期间，世界各地的初等教育普及率大幅提升，但在充分利用参与式与协作式的教学法，提高各学习领域的教学质量方面，我们要做的还有很多。

遗憾的是，在太多的学校和社会里，随着孩子的年级逐渐提高，玩耍、探索、合作和联系的机会都变得越来越少，幼儿时期天然的求知欲和探索倾向也越发不受鼓励。将在艺术和科学领域获得的新的理解和技能付诸个人实践，这一行动的价值不容否认。但是，我们也要说，初等教育阶段在孤立的个人实践中投入太多时间，会减少学生参与共建、合作和解决问题的重要机会。

虽然有这样的问题存在，但在学校和正规教育机构内外，团结合作教学法的案例越来越多。在一些地区，社区学校代表了当地社区对构想新的教育可能性、满足当地迫切需求，同时挖掘深层文化积淀的创造性响应。在另一些地方，教育项目——有时被认为是“非正规的”——与学校合作，通过与当地的年长者、社群领袖和知识传承者建立联系，增加学生获得协作教育和文化理解的机会。

释放青少年潜力

当今，世界各地的年轻人要面临许多不同的现实情况。这些现实包括他们要承受的多种风险：受教育权的风险，暴力、女性割礼和早婚等方面的风险，以及日益加重的谋生负担所带来的风险。还有些人要面对日益严重的社会孤立、心理健康挑战和身份与目的危机。过去几十年的教育通过促进健康的社会互动和同伴关系，树立对于现在和未来的事业的使命感，从而在不同程度上缓解了青年阶段的人生挑战。但在另一些情况下，教育带来的更大的学业压力和社会疏离也加剧了人们面临的挑战。

青少年时期，人们会在短短几年或几个月的时间里，经历神经和生理上的巨大变化，其变化幅度之大，只有幼儿时期能与之相提并论。年轻人在智力层面会经历一次飞跃，但对于其是否以及何时能够承担起成人的全部责任，或是需要继续专注于为未来做准备，不同的文化期待和理念可能会导向不同的判断。教育可以创造一举两得的机会，向年轻人发起挑战，同时为他们提供足够的机会，让他们能以有意义的方式融入世界。

青少年往往在人生的这一阶段完善自己的兴趣，追寻自己的天赋，确定哪些职业有助于他们找到自己的使命。弥合理论与实践之间的分歧，弥合看似永无止境的准备和有意义的经验之间的鸿沟，向学习者灌输强烈的使命感，是该阶段重要的教学目标。年轻人往往具有强烈的正义感，他们能敏锐地意识到成人的虚伪。有鉴于此，以为青少年是天生麻烦的、叛逆的、会对社会公益造成威胁的，这种强调缺点的讲法尤其有害，既不利于代际合作，也不利于这一重要但时常比较艰难的过渡期。从可能性的角度来看，很明显，没有多少中学教育模式能充分释放青少年的惊人潜力。

然而，对未来的重新构想已经开始。越来越多的青少年领导的运动和组织开始以不同的方式处理各类问题。“星期五为未来”“日出运动”，以及世界各地数以千计的类似活动，都是对未来的另类预演。在拉丁美洲和南亚的一些国家，人们不再推广城市中心模式的教育体系和教学法，而是以被边缘化的农村青少年为出发点构建新模式，正在恢复青少年对原住民和祖先习俗的自豪感。教育能够支持青少年创造更广阔的繁荣、公平的未来，这些案例及其他更多例子正是教育这一功能的实际体现。

越来越多的青少年领导的运动和组织开始以不同的方式处理各类问题。

革新高等教育使命

教育与知识的生产和传播一样，同为大学的核心使命。但在许多地方，受制于高等教育的组织、认证和融资方式，人们在近几十年里一直忽视大学的教育使命。在某些情况下，对教授们的评价完全取决于其个人产出，这正是一种失衡的价值取向带来的问题，即把认知的生产力，置于教师在教学、指导、能力建设、促进与目标社区的合作关系等方面所做贡献的质量、适切性和价值之上。

在许多大学里，教学已经转移至后台。未来的大学可能会沿着这条道路，将教学任务委托给其他机构或配备了先进人工智能技术的专门中心。我们也可以想象大学改革的另一种未来：代际的教育使命处于核心地位，并且总是与知识和研究有关。职业技术教育培训机构有时则处于变化的另一极端——其授课往往局限于培训和技术，更深层次的社会、伦理和概念问题则超出了讲授的范围。生产能力的发展和应用对我们个人和集体的未来至关重要，然而，我们应该将其视为培养学生深刻的理解、熟练的技能和反思的态度的一个丰富的教学领域。

要改革高等教育的教育使命，我们有必要在高等教育与初等至中等教育之间建立牢固的联系，在教学策略上超越传统的课堂教学模式及其所隐含的传播模式。学生之间的合作、研究项目的开发、问题解决、个人研究、研讨对话、实地研究、写作、行动研究、社区项目，以及其他多种教学形式，都可以加入高等教育。为了使教学重回前台，我们有必要更加重视教授们的教学工作，对他们在教学方面的学习和成长给予支持。

尊重、共情、平等和团结等价值观必须在未来成为高等院校和技术机构的使命核心。高等教育必须培养学生的道德，帮助学生成为拥有更强公民意识和环境意识的，更称职、更有能力的公民。高等教育也必须与社会文化相关联。理解文化多样性，捍卫人权，坚决反对种族主义、性别歧视、阶级歧视、种族中心主义和一切形式的歧视，必须成为关键的教育目标。推进这些价值观和原则的高等教育，将超越讲堂和虚拟空间的限制。随着教育使人们不断变成更好的自己，推动强大的价值体系向前发展，并改变他们的环境，教育自身的内容也将不断进化。

对话与行动的原则

本章建议，在新的教育社会契约的背景下，教学应围绕合作和团结的原则进行组织，培养学生协同合作改变世界的能力。在我们展望2050年时，有四项原则可以指导落实这项建议所需要的对话与行动。

- **我们应以相互联系和相互依存为框架组织教学。**教师、学生和知识之间的关系应被置于一个更广阔的世界中。所有学习者都与世界相连，所有学习都是在世界中进行的。学生需要了解他人的行为如何影响自己，自己的行为又如何影响他人，为此，教室和学校应该为学生提供与不同的人相互接触的机会。
- **合作与协作，必须在不同的教育水平和年龄段，以适当的方式进行教学和实践。**当合作与协作成为学习共同体的特征时，教育能够培养个人通过合作改变自己和世界的能力。幼儿教育如此，成人教育和学习也是如此。
- **我们应当把团结、同情心、道德和同理心深深地渗透到我们的学习方式中。**我们也应当把人类文化资源的多样性融入教育，从重视多样性和多元化发展到支持和维护它们。教学应注重消除偏见、歧视和分歧。同理心，即关注他人并与他人感同身受的能力，对于确立团结的教学法至关重要。

- **教学评价应该与这些目标保持一致，并对学生的成长和学习有意义。**考试、测试和其他评价工具应与教育目的和教育意图相一致。许多重要的学习是很难被衡量或计算的。我们应该优先考虑那些能够促进学生学习的由教师主导的正式评价。我们必须降低竞争性的、高利害的标准化评价的重要程度。

在地方、国家、区域和全球各层级，我们都需要共同努力，使团结合作的教学法在2050年惠及每一个人。

第 4 章

课程与不断发展的知识共享

真正的困难在于人们不知道教育是什么。我们用评估土地和股票的市场价值的方式，来评估教育的价值。我们只想提供能让学生赚更多钱的教育。我们几乎不考虑提高受教育者的品质。我们会说，女孩不需要赚钱，她们为什么要受教育呢？只要还存在这种观念，我们就永远不会明白教育的真正价值。

——圣雄甘地（Mahatma Gandhi），“真正的国民教育”（True National Education），1907年

在一项新的教育社会契约中，课程应来源于丰富的公共知识，并包含生态、跨文化和跨学科的学习，帮助学生获得知识和生产知识，同时培养他们批判和应用知识的能力。

我们必须在教育和通过教育获得的知识、能力、价值观之间建立新的关系。要做到这一点，首先要考察哪些能力和知识有助于学生构建和平、公正和可持续的世界，然后沿着帮助他们发展这些能力的课程路径回头勾画。为了共同制定新的教育社会契约，我们要考虑的课程绝不只是一张排满学校所教科目的表格。制定课程的问题，要与建设能力和教育中始终存在的两个重要过程相关：其一是作为人类传承一部分的知识获取；其二是对新知识和新世界的集体创造。

关于教和学的内容与方式的趋势和理论有很多。教学设计可以分为以儿童为中心的和以学科为中心的，以学生为中心的和以教师为中心的。知识可以分为学术知识和应用知识、科学知识和人文知识、综合知识和专业知识。虽然每种分类方式都有其各自的优点，但面对知识与世界之间日益复杂的互动，我们仍需要用新的范式和视角来反映。教育者在处理知识获取这一过程时，应该提出疑问：什么该被学习？什么该被摒弃？在生态危机的背景下，我们需要对主流的发展和经济增长范式进行反思，在这一关键时刻，提出这些问题显得尤为重要。

什么该被学习？什么该被摒弃？

本章从对知识共享的简要讨论开始考察这些问题，主张必须将知识共享重新定义为全人类的共同遗产，并扩大其范围，将认识与理解的各种方式也包括进来。这里对知识的强调并不意味着其内容本身必须占据主导地位。知识总会在其被生成、应用和重新审视的过程中不断发展演变。本章公开呼吁，加强我们的集体努力，发展进一步创造知识并将其应用于人类面临的复杂问题和挑战上的综合能力。

教育可以自然而然地实现**知其然和知其所以然**。掌握知识的内容无须与应用知识、技能或能力开发决一胜负。相反，基础知识和技能可以相互交织、相互补充。近几十年来，关于课程的讨论一直在知识与能力之间不断摇摆。现在时机已经成熟，我们可以配置一套新的动态机制，既可以为承载大量知识的教学方式提供支持，也不放弃基于项目和基于问题的教学方式所带来的成果，例如，通过密切关注当代问题，使课程学习与学生自身息息相关。

本章着眼于知识共享与课程之间的交互，主张学习者有必要了解知识与读写能力、计算能力、科学探究能力、艺术能力和公民意识等方面固有的关联性。本章最后对于教师和教育工作者，以及课程开发人员都感兴趣的问题，提出了面向2050年的对话与行动指导原则，这些指导原则包括：加强知识共享，重点开展气候变化教育，科学探究和人权。

参与知识共享

课程应将知识视为属于每个人的人类伟大成就。与此同时，课程必须考虑到一个事实，即知识共享中保留了大量明显具有排斥性和不适当的内容，需要根据公正的原则进行清理纠正。知识永远不会完整，教育者应邀请并允许学生参与到对知识的进一步共同创造中来。有太多的教育形式用传播知识来建立障碍、再生产不平等，而无法充实人性和全人类共同拥有的集体福祉。只有优先考虑如何小心谨慎地接触知识，才会对建立认知正义和补偿正义有所帮助。

我们应当抵制知识霸权，培养创造、跨越边界和实验的可能性，而这只有通过充分包容人类多样性的认识视角才能实现。我们必须摒弃传承下来的偏见、武断的等级制度和剥削观念。教育可以加强人们构建知识共享的能力，每一代人都为世界的再创造做出自己的贡献。课程必须发展和完善我们与知识互动的能力。例如，读写、计算和科学探究的能力，对于人们理解自己的世界并为之做出贡献都极其重要，因此这些能力在任何课程中都必须被扩展和深化。

要想设计出一种开放且通用的课程，其中一点就是要抵御住压力，不要将学科划分作为固定或根本性的界限。相反，我们要把精力花在思考世界的复杂性、思考知识体系的历史性质上，将具有多重性和横向性的视角引入教育课程，这将有助于我们在坚实的知识基础之上，向崭新的建设性方向继续发展。

在所有这些重要的工作领域中，我们要牢记，课程从来不是由“完整的知识”所组成的，它是在连接不同世代的知识的基础之上，传承文化遗产，并为回顾和更新留出空间。这一认识将引导我们在历史的框架下教授所有科目，并把课程当作代际对话的一部分——学生们则将通过他们的学习，把这一代际对话情境化，并赋予其新的意义。

为了教育的未来，课程需包含的重点

我们必须脱离狭隘的教育观念，努力实现其更大的目标。课程路径应将认知与解决问题的能力、创新能力和创造力联结起来，把社会情感学习与发展对自我的了解相结合。这里提出的种种围绕教育课程的方案，其目的都是团结人们和解放人们。以下提出的课程重点，旨在支持包容、促进两性平等、消除不公正，以及与不平等做广泛的斗争，它们都是我们在重新构想未来时所需要遵循的。

为受损的星球设计的课程

我们如何才能在一颗压力越来越大的星球上生活得更好？教育需要通过培养学生适应、缓解和扭转气候变化的能力，应对气候变化和环境破坏。我们必须反思和重新构想课程，使学生以一种全新的方式看待人类作为地球组成部分的这一地位。学生们应该在所有领域中体验到环境可持续问题的紧迫性——我们的生存范围仅限于地球，我们既不应该对子孙后代造成损害，也不应该破坏我们所有人都身处其中的自然生态系统。以尊重和负责任的态度，在一颗已被人类活动破坏的星球上生活，我们应把这种生活艺术渗透到所有科目中。我们不能再继续宣扬人类例外论了，也不能再把世界定位为一个“就在那里”等待我们去了解的外部对象。与之相反，我们要鼓励关联式的和集体共享式的干预和行动。这意味着，我们必须认识到，我们是与自然世界一起生活和学习的。

改变我们在教育课程中讨论生命世界的方式，是重新平衡我们与生命世界之间关系的一个重要策略。然而，只告诉学生要成为自然的保护者，这样的课程是不完善的，因为这些方法依然假定人类与其生活的环境之间存在隔阂。

这里要特别提一下气候变化教育。有效且适切的气候变化教育应具有性别敏感性，采用交叉学科的方法来研究跨时间和跨地域的社会与经济因素，培养批判性思维和积极的公众参与。这种教育指出目前的全球生产和消费水平是不可持续的，并指出了富裕国家在导致气候变化方面起主要作用，首当其冲的却主要是贫穷国家。它还指出，殖民和工业化的产物在无数原住民社区中破坏着人类与并非由人类独享的世界的和谐关系。气候变化教育应使学生学会思考公正和可持续的替代方案，在当地社区和其他地方采取团结一致的行动。

课程要让我们重新学习该怎样与一颗生机勃勃却遭到破坏的星球互动，忘记人类的傲慢，这种傲慢已经导致了大规模的生物多样性丧失、整个生态系统的破坏和不可逆转的气候变化。我们可以通过发展与自然世界的深层联系，将生态圈作为一个教育空间，思考如何“重新野化”课程。我们可以重新构思课程，纳入围绕着与地球生活相关的知识实践的代际对话，比如许多由年轻人或一些社群领导的运动中发生的对话。

课程要让我们重新学习该怎样与一颗生机勃勃却遭到破坏的星球互动。

女权主义者的观点和原住民的发声都为这一关键时刻引领了航向。原住民知识体系可以使学生们更好地明白自己是自然界的一部分，可以从数千年来不断帮助人类与地球和谐相处的价值观、实践和精神中汲取教益。每个生物都在可持续生态系统中发挥作用，而和谐生活的能力，即恰到好处地汲取共同生存和获得幸福所必要的资源，可以通过教育来习得。女权主义者的观点反对人与自然相互对立，这一对立是人类与自然形成虐待和剥削关系的基础。以不断扩大的消费和对地球的统治为前提的经济模式，延续了不计后果的幻想。为了实现社会福祉和生态可持续性的良好平衡，我们要学会在不越过经济绩效的临界值的前提下生存。

和谐生活的能力，即恰到好处地汲取共同生存和获得幸福所必要的资源，可以通过教育来习得。

社会正义与生态正义密不可分。如果不学会互相关怀，我们就无法学会关怀这颗生命之星。关怀不仅与情感态度有关，它还有一个核心的认知成分。课程应纳入与地球有关的丰富知识——探索地球的科学技术是如何产生的，如何记录、呈现和理解地球及宇宙，知识实践如何与在这颗受损星球上生活的实践相关联。我们也有必要讨论信息工具、个人和集体项目的优势与局限，这些讨论对于发展提高集体意识和行动，从而捍卫地球上复杂生命的可能性的课程极其重要。

关怀伦理让我们明白，我们是既能干又脆弱的、相互关联的人。它迫使我们反思，我们是如何影响他人和世界的，而他人和世界又是如何影响我们的。课程要充分培养每位学生关爱他人的伦理道德，不分性别，不考虑传统家庭和公共生活中承担照顾他人这一职责的性别不平衡，这一点十分重要。养育儿童、照顾病人和老人、维护家庭、满足家庭成员的生理和心理需求，这些再生产的知识对社会至关重要，也属于人类的知识共享，自然也会影响到我们对待和照料我们受损的脆弱地球的方式。我们需要一套使我们共同重新构想相互依存的未来的课程，关心、照顾、付出关怀和接受关怀都必须被纳入这一课程。

将认识与感受相结合

课程应该不分老少，把每位学生都当作一个带着好奇心和对学习的渴望来到教育环境中的独立的人。他们带来的还有情绪、恐惧、不安、自信和激情。只有把人当作完整的人的课程，才能充分支持学生与这个世界进行社交和情感互动，使他们更有能力通过与他人合作来改善世界。

神经科学表明，认识和感受都是同一个认知过程的组成部分，它们不是各自孤立的，而是与认知过程的其他部分存在直接且广泛的联系的。尤其是在过去的10年当中，我们在把社会情感能力学习纳入世界某些地区的主流教育实践方面取得了很大进展。课程中社会情感能力学习的最佳方法覆盖了学生身份认同的社会领域、情感领域、认知领域和道德领域。它们将个人的发展轨迹与其对更广泛的社会凝聚力的影响联系起来。学会感同身受、合作、消除偏见、应对冲突，这些能力在每个社会里都是很有价值的，尤其是在那些与长期分裂做斗争的社会里。

学会感同身受、合作、消除偏见、应对冲突，这些能力在每个社会里都是很有价值的。

社会情感能力学习的做法是多种多样的，有必要做适当的情境化处理，需要有意设计的学习经验、师生互动、积极的同辈体验、跨代际理解，以及社群的参与。正念、同情和批判性探究都能为强大的社会情感学习提供支持。然而，我们也必须认识到，这样的学习对教师提出了额外的要求，他们需要其他人的支持才可以完成这项工作。展望2050年，我们无法承担对社会情感能力学习吝啬投资的后果。社会情感能力学习将成为人类创造力、道德、判断力，以及应对未来挑战的行动的基础。

把学习者视为完整的人，这一做法承认了他们的身体在生命各个阶段的需求和能力。健康的未来要求高质量的体育教育，所以我们要不分能力类型、性别和背景，一视同仁地提升所有学习者的基本运动能力。高质量的体育教育可以使人更有把握和自信心，提高人的协调和控制能力、团队合作能力、对物理环境要求的反应能力，还能改善言语和非言语沟通。但是我们不能在体育教育中只追求最强的身体素质，也不能过度依赖竞争和比较，因为这么做只会让大多数人无法参与其中。体育教育应该以下述价值观为前提：每位学习者都有权享受健康且积极的生活方式，通过参与共同活动来发展感同身受和相互尊重的关系，这有益于学习好终其一生的共同互动。

同样，对于性教育，我们应采取适合年龄、符合文化的整体性教育方法，承认社会情感素养的重要性，促进有关尊重和同意的讨论，建立对生理成熟期间身体和情感发育过程的理解，鼓励相互尊重的关系和两性平等。我们无法想象在未来，世界上许多地区的女孩依然因身体或性伤害的可能性而遭受排斥——很多地方的少女尤其会面临这样的现实，这使她们无法继续接受中等教育。母婴健康、死亡率和幸福感也与全面性教育密切相关。除了全面提升人们的健康和福祉，以平等、尊重和自信等价值观为前提的教育也将提高所有社会构建公正和平等的人际关系的能力。

拓宽读写能力，创造多语言未来

我们的语言能力以及同语言之间的关系一直都是人类身份、知识和生存于世界的核心，它使我们能够相互交流，并在他人所学的基础之上继续发展，达到理解的新高度。语言是知识共享空间存在的基础。在过去的几十年里，教育使每一代人都比上一代人拥有更强的读写能力。然而，为了扩大参与度和包容度，读写教育的未来必须超越阅读和写作，加强学习者对各种形式——口头、文本，以及包括讲故事和艺术在内的种种更加多元化的媒介——的理解能力和表达能力。

当然，写作和演讲并不是人类记录经验并将其传递给下一代人的唯一方式，我们也该以更果断的方式把形象的和具身的知识纳入我们的课程。但口头和书面知识在人类历史中发挥了不可否认的作用，尤其是书写，作为人类知识的一种技术，使文字记录能够传播，促使我们积累和整理人类不同的文化群体的经验。这一知识应该被传承给子孙后代。

读写能力与未来继续学习和参加社会实践息息相关。但它并不是一个“开启或关闭”的过程，我们通过语言进行交流和理解的能力会在一生中不断增强。未来的读写教育应该培养学习者深入、广泛和批判性阅读的能力，使学习者可以清晰有效地进行口头和书面的交流，并且能够带着关怀、同理心和良好的判断力来倾听。例如，培养学生独立阅读和查阅各学科复杂文本的能力和倾向，能为他们开启拥有更广泛可能性的未来，以更公平的方式与知识共享互动。读写教育能够超越教室和学校的范围，成为全社会共同的责任。例如，一些印度媒体网络近期对字幕采用的语言进行了统一，结果表明，这一做法能够更广泛地加强人们的阅读技能，尤其是那些虽然在学校里学习了基本的读写技能，但仍需要进一步练习和提升自信的人。

通过教授外语、原住民语言和手语等，课程正在从民族单一语言向多语言转型。这一转型需要不断持续和扩大。使儿童、青年和成年学习者能够以母语或传统语言接受优质教育也同样重要。这一做法除了能直观地提高教学和学习的效率之外，对加强基本的尊重意识，引导世界各地的教育体系尊重和维持文化多样性同样非常重要。在许多情况下，为了支持学习者的文化认同，允许他们充分参与社会活动，双语和多语教育政策是十分必要的。这既需要我们对少数民族语言给予支持，也需要我们为学生熟练掌握主导或主流语言奠定基础。

多语言教育使人们有更多机会参与全球对话、工作和文化。在一个越来越相互依存的世界里，学习不同语言的价值不言而喻，它们能为个人和集体带来的好处不仅限于交流方面。多语言主义使我们积极地在不同的意义体系之间进行理解与转译，对既定的意义模式发展出更多的自主性和批判性。语言不仅仅是一种交流手段，还承载着使用者对世界的看法及其独特的理解方式。语言多样性是人类知识共享的一个重要特征。教育在维持语言多样性方面发挥着关键作用。

> 语言多样性是人类知识共享的一个重要特征。

提高计算能力

由于人们越来越多地需要用自己的计算知识和技能应对各种情况，计算能力对于教育的未来同样至关重要。计算能力是观察规律、分类组织、计数测量、比较数量，以及确定数量之间关系等各种人类能力的集合。十进制和二进制等计数系统为现代通信、交易、计算处理、运算提供了基础。除了掌握基本的加减乘除运算之外，计算能力还要求人们把这些技能应用到各种环境和解决各种问题上，例如，保证个人的财务健康和财务规划、健康风险和疾病发生率、农业产出和投入、污染和环境质量的阈值、本地企业和社区的银行业务等等，数不胜数。当我们在特定背景下去理解事物时，计算能力可以有效地释放人类的能力，使人们理解随着时间流逝发生的变化，对未来做出预测和计划，理解各种关系，以及从有意义的视角看待种种趋势。

计算能力属于所有民族，反映文化特色的数学课程可以在人与正规教育之间搭建一座有意义的社会情感桥梁。例如，我们在课程中向学生介绍挪威北极地区原始居民传统的编织方法，让他们先理解不连续的整数的规律，再过渡到乘法和代数变量等更复杂的运算。同样，加拿大的学校也会邀请原住民艺术家和教育家，向学生讲解串珠、编篮子和制作软皮鞋等编织艺术形式，以及其中所涉及的代数、比例和空间推理的数学概念。将数学知识与学生的文化知识联系起来，有助于在教学中增加社会情感维度，这是克服家庭环境和学校环境之间的脱节所不可或缺的。它还挑战了数学是“西方的”这一错误观念，提醒我们，世界上广泛且长期存在着诸如因纽特人数学、毛利人数学等民族数学体系。

依靠人文学科

为帮助学生学习解决他们所面临的问题的各种方法，让他们了解有关人类社会和文化的知识与研究至关重要。人文主义传统以其各种形式，为全世界集体的知识共享赋予了极大价值，为人类共建世界做出了巨大贡献。与此同时，我们必须认识到，我们所了解的东西都是片面和有偏差的。要想重新定义身为人类意味着什么，需要重新平衡我们彼此之间、与我们赖以生存的星球之间、与科技之间的关系。人文学科需要调整，而作为一个系统的研究领域，它也能反过来帮助我们进行调整。

比如，如果我们能有效地教授历史，那么历史就能帮助我们对包括歧视和特权在内的社会变革和社会制度形成宝贵的观点。理解历史偶然性，即事物可能以不同于现在的面貌存在，对我们预测未来的可能性意义重大。然而，要想释放这种潜力，历史作为一门学科就必须远远超出对历史年表的关注，转而着重讨论什么构成证据，以及我们从一开始该如何理解人类和非人类的经验。

寻找将教育与人文学科联系起来的新途径对民主的未来也非常重要。哲学、历史、文学和艺术可以将我们引向目的性、对批判性探究的欣赏、同理心、道德和想象力。所有这些人文主义路径都十分有助于加强学生的“未来素养”，即有能力了解未来在他们所见所为中起到的作用。成为“有未来素养”的人，意味着他们可以更有效且高效地利用未来，并在变化发生时，能够更好地提前准备、恢复状态、发明创造。在正规教育内外等公共空间加强人文主义教育，有助于培养学生的未来素养。从我们共同的人性、共同的地球和共同的正义愿望出发，全世界一同将教育与人文学科重新结合起来是一项至关重要的任务。

探究与理解科学

对理解物质世界的渴望，反映了我们人类探索和学习的能力。科学探究的本质——观察、质疑、预测、检验、形成理论、挑战和完善理解——是人类精神的体现。现代科学的根源可以追溯到每一种文化和社会中有历史记载的最早阶段。从医学到技术，我们物质生活的方方面面都享受着它的成果。在一套具有强烈的人文价值、对人有极大包容度的广泛的课程中，我们应该着重强调科学素养和科学探究。

在人类历史上，科学一直是一种重要的知识实践，它内含了一种根本性的收获，即真理是通过集体努力的过程和形成的共识所产生的结果这一观念。然而，科学却逐渐发展成一个专业领域，有时更是凌驾于道德伦理议题之上，例如关于某些科学发现或实验所产生影响的质疑。其导致的争论和质疑，破坏了几个世纪以来人们对科学的信任。课程应该把科学方法、科学发现和科学伦理联系起来进行考虑。

极端相对主义的扩张，以及在各种媒体上广泛传播的不实言论，要求人们具备极强的、高度反思性的科学素养。目前有大量的错误信息和虚假新闻在不断传播，在新冠肺炎疫情和全球变暖等重大问题上，情况更是如此，因此科学素养的重要性突然成为人们关注的焦点。对科学知识的否认和对“事实”的歪曲在现实世界引发了严重的后果，导致了怀疑、不信任、恐惧和仇恨。课程必须培养学习者坚持科学真理的决心，提高学习者的辨别力和对复杂微妙的真相进行诚实调查的能力。

> 课程必须提高学习者的辨别力和对复杂微妙的真相进行诚实调查的能力。

全球知识共享要求所有人都能得到有利于人类福祉的准确知识。这一原则对于课程来说尤其重要，因为课程中的信息和概念对心智的发展具有重大影响。例如，在一些拥有大型采矿或石油工业的地区或国家，政府面临在正规科学课程中淡化资源开采的环境影响的巨大压力。我们必须采用一切可能的教育手段来坚决反对这种错误信息。我们需要做出新的努力，提高全世界人口，尤其是被剥夺权利和边缘化的人口的科学素养。当今世界的信息流通规模是前所未有的。科学素养、方法、严谨性、经验主义和伦理道德都是课程中的重要问题，也是迫切需要解决的问题。

数字世界所需的技能

人们生活、学习和工作的领域正在不断扩大，互联技术为人们参与这些活动提供了支持。除了普及技术，教育体系也在加大力度提升学习者充分利用技术所需的数字技能与能力。这些技能与能力并不是天生的，它们是后天随着时间的推移，通过有意的教育干预以及各种形式的非正式学习和自学，逐渐被构建和完善的。

虽然数字教育通常是关于功能性技巧和技术诀窍的，但它也必须包含“关键数字素养”，即一整套对数字社会和数字经济的利害关系的理解与性向。这种教育强调学生分析数字技术的政治特征，和操纵它们以达到特定结果的能力。学习者需要识别数字空间中的行动者的动机，看清楚他们是如何作为个人或群体成员，成为更大的数字生态系统的一部分的。如今，互联技术甚至可能对从未使用过且从未见过它的人们产生深远的影响。

技术教育也必然依赖于技术本身。理解和善用技术所需要的技能和批判性的眼光，将随着新技术的发展而处于不断变化之中。然而，这并不意味着为了适应最新的技术进步，就要使教育扭转到唯一的道路上去，不仅如此，教育还必须反过来引领社会中的技术创新和数字化转型。课程应支持学生和教师在技术方面共同行动，并帮助他们确定如何使用技术以及达到什么目的。

课程应支持学生和教师在技术方面共同行动，并帮助他们确定如何使用技术以及达到什么目的。

通过艺术教育，构建想象、判断和可能性

艺术教育——以音乐、戏剧、舞蹈、设计、视觉艺术、文学、诗歌等为内容——可以极大地拓展学生掌握复杂技能的能力，还能加强课程内的社会情感学习。它能使我们获得他人的经验，通过移情或读取非言语的暗示，来增强我们作为人的能力。

艺术也能使某些扑朔迷离的真相显现于我们眼前，并为我们提供具体的方式来认识看待世界的多重视角和多重解读。许多艺术表现形式所要传达的意义就蕴含在细微之中，对抗生活的模糊性；学生们会学到，微小的差异可以产生巨大的影响。艺术体验通常要求人们自愿向未知屈服，学生们可以从中了解到，万事万物都会随着环境和际遇的变化而改变。艺术还会帮助我们学会说明、展示和感受那些需要被说明、展示和感受的东西，帮助我们在艺术范畴的内外，提升认识、存在和交流的视野。

通过艺术来引导创造性表达的课程有着巨大的塑造未来的潜力。艺术创造为我们提供了新的语言和手段，我们可以借助它们来理解世界、进行文化批判、采取政治行动。这样的课程还可以培养学习者批判性地鉴赏和领会文化遗产，以及构成我们集体认同的强有力的象征符号、全部技能与文献的能力。

人权、积极的公民意识和民主参与的教育

人权教育在充分发挥其效力的情况下，可以带来变革，它为我们提供一种共同的语言、一个切入点，带领我们进入一个致力于认同所有人、使所有人充分发展的道德世界。人权教育支持学习者发挥能动性。对不平等进行分析及培养批判意识十分重要，发展这些技能是支持学习者积极参与的一种方式，在这方面，人权教育能为公民意识教育带来很大的助力。

人权教育还可以提高国家教育体系的整体效率，进而支撑起可持续且公正的经济、社会和政治发展。我们既然要使用教育来向人们宣传基本权利和每个人都拥有尊严和自由，那么教育本身就必须成为实现平等承诺的场所。人权和公民意识教育与和平教育密切相关。在许多情况下，暴力是人们相互关联的主要途径，包括妇女和儿童在内的很多群体，都是歧视、言语和身体虐待的对象，他们的生存和发展机会都受到严重的限制。人权教育，在保护性法律和福利机构的共同努力下，可以帮助我们建立能通过谈判和交涉解决分歧的和平社会。

教育通过教会人们在一个共同的框架内一同反思和分析他们的工作，为持续的公民、社会和政治行动建设能力。当课程的重点在于建立联盟，在更广阔的历史和行动主义的团结轨道之中建立联系时，关系的和集体的能动性就会获得坚定的支持。如果教育以培养在公共空间中进行的长线思考、对话和协商为导向，那么它对策略行动和变革行动都是一种支持。人权教育还应推动人们去辩论和思考身为

人类意味着什么，以及就如何保护地球上各种形式的生命这类道德问题进行探讨。

目标还应该包含为学习者提供开展如下活动所需要的技能和能力：以批判性和创造性的方式思考和宣传政治，监察不公正和侵犯人权的行为，质疑、揭露和反抗因性别、种族、原住民身份、语言、宗教、年龄、残疾、性取向或公民身份而歧视特定群体的权力结构与关系。因此，教育体系和社会之间的对话是必不可少的。

课程也可以在解决性别不平等问题上发挥重要作用。父权制普遍的影响，即男性享有大部分的社会权利与权力的意识形态体系，持续地发挥着作用，向社会和学校中的儿童与青年传达着这种信息与思维模式。压迫性的性别角色和性别歧视对社会中的每个人都是有害的。我们必须让孩子们从小就学习平等这一基本原则。男孩需要尽早学着成为两性平等的支持者，而不是延续可能会让他们比其姐妹和其他同龄女性拥有微妙的优势的不平等的家庭或社会制度。对女儿和姐妹承担更多家庭责任和家务的期待，一方面会对她们的入学率产生负面影响，另一方面传递了一种隐含的信息，即她们的价值在于服从他人。性别平等原则必须在儿童所处的家庭、教室、校园和社区等社交及学习环境中保持一致。促进平等是一项集体事业，需要我们每个人的支持。

同样，课程也必须设法解决种族主义问题，向对来自不同文化群体和语言背景的社会成员——如原住民、非洲裔社群和少数民族——持有的刻板印象和歧视性表征与叙述发起挑战。

高等教育的赋能作用

一项新的教育社会契约将要求我们重新构想教育方式，不仅要从知识共享中汲取能量，还要进一步推动其发展，扩大其包容性。这一点在高等教育中体现得最为明显，因为高等教育在加强知识共享方面发挥着关键作用。高等教育目前正在经历其漫长历史中的一段最不确定的时期。生产知识、进行研发的大部分潜能都蕴藏在大学之中。一些高等教育机构致力于推动研究、创新和探究，以及培养未来一代的研究人员与专业人员，为开源式的科学研究与知识获取做好了准备。

大学为开放知识共享而做研究

知识应被视为一种资产，为了所有人共有的福祉而被发展和使用。当下不同地区之间知识的同质化和分布不平等问题必须得到解决。大学的研究工作不应创造受当前的经济、政治和社会规范钳制的知识，而应该优先考虑新的可能性，为此，大学教育必须承认知识存在多种形式，且来自更多不同的语言。通过这种方式，大学可以极大地扩展知识共享，加强知识共享的包容性和多样性。

开放有希望增进全球共同福祉，校际合作与国际化努力就是很好的例证。所有预测都表明，未来几十年内，高等教育入学人数将持续增长。许多大学都有支持教育公共性的优良传统，它们采取的方式是创造公共的学习空间，在治理中反应迅速，对公众负责，并且促进了公众利益。但是，大学也是因成本和知识产权问题而壁垒森严的地方，特别是近几十年。尽管高等教育体系为纠正这些问题做出了许多努力，但是其中依然不缺少排斥和边缘化。这个问题必须尽快得到解决。

> 高等教育需要大力提倡自由开放地获取知识和科学。

在涉及学术学问、学习材料、软件和数字连接等方面的资源时，高等教育需要大力提倡自由开放地获取知识和科学。需要强调的是，“开放”一词不仅表达了一种可用性和易得性，还含有个人可以修改和使用这些信息与知识的意思。

高等职业技术教育与知识共享

包括社区学院和理工学院在内的高等职业技术教育院校，不该仅仅被视为培训机构，它们还是应用研究场所。它们应该突出生产能力在个人和集体生活中的重要性，彰显学习型社会的有效运作，展示通向有意义工作的众多途径，以及显现各行业与社区之间整合、联合及合作的潜力。许多职业技术院校的地方特色都与其所在社区密切相关，这有助于发展当地的学习文化。地方社区与知识共享有着独特的联系，职业技术院校可以通过有地方特色、因地制宜的方式来发展对技术应用的见解。

支持多元化知识途径的高等教育

高等教育与跨文化及认知多样性之间的关系往往是含混不清的。一方面，高等教育以向学生介绍新的世界观和思想而自豪。但与此同时，高等教育又发展出独特的方式，来组织、验证某些特定的知识生产形式，并对其进行正当化。

自然科学的方法和社会研究的概念，如“严谨性”“可靠性”“有效性”，在文化上不是中立的。学术发表的社会过程、质量保证和经济情况通常不会鼓励跨文化与认知多样性。原住民知识及其生产和分享的方式通常被视为学术研究的对象，而不是一种研究形式。

随着认识和实践方式的多元化被越来越普遍地了解，我们应该给予蕴藏于丰富的文化和经验中的知识生态系统更多的重视。世界各地高等教育机构和社区之间的伙伴关系应真正实现平等互利。重视采用多种方式进行认识和实践的价值，将其作为优势和可持续性的源泉，将有助于减少高等教育内部的一些不对等。

正确评估高等教育领域内的制度多样性，也能为多样性带来助益。如果高等教育入学率继续升高，我们还将需要一系列不同的机构。知识共享的开放性需要灵活的高等教育体系，使尽可能多的人都能接触到知识。

对话与行动的原则

本章建议，在新的教育社会契约中，课程应重点突出有益生态的、跨文化的和跨学科的学习，支持学生获取和生产知识，同时培养他们批判和应用知识的能力。在我们展望2050年时，有四项原则可以指导落实这项建议所需要的对话与行动。

- **课程应增强学习者获取和贡献于知识共享的能力。**人类世代积累的集体知识资源应成为教育课程的主干。知识共享应该可以被广泛地取用和添加。我们应该教会（各年龄段的）学生创造性地、批判性地利用知识，在这一过程中质疑其前提假设及利害关系。教育应该使人们能够纠正知识共享中存在的遗漏和遭到排斥的内容，确保知识共享是一种持久的、开放的，能够反映全世界认识和存在方式的多样性的资源。

- **生态危机要求课程体系从根本上重新定位人类在世界上的地位。**应当重点实施有效且与人类息息相关的气候变化教育。我们必须把一种生活艺术渗透到整个课程体系中，即以尊重和负责任的态度，在一颗已被人类活动破坏的星球上生活。
- **我们必须用科学、数字和人文素养对错误信息的传播加以遏制。**课程应该强调科学探究和辨别严谨研究与谬误的能力。我们应该培养学习者的数字技能，使他们能够有意义地利用技术。课程还应确保学生有能力"影响"科学技术，参与决定科学技术的使用方式和目的。
- **学习可以改变人和世界，而人权与民主参与是其关键的基石。**我们应该着重突出人权教育，因为它既能支持学习者的能动性，也能为我们提供一个切入点，带领我们进入一个致力于认同所有人、使所有人充分发展的道德世界。我们还应在所有课程中体现两性平等，消除压迫性的性别刻板印象。学生还应学习如何直面各种形式的种族主义和歧视。

这四项指导原则可以为如何把新的教育社会契约转化为教育实践提供启示。

第 5 章

教师的变革性工作

教师不一定拥有获得真理的特权。他和他的学生一样，也处于不断进步的过程中。

——杜维明（Wei-ming Tu），《仁与修身》（*Humanity and Self-Cultivation*），1996年

在新的教育社会契约中，教师必须处于中心地位，其职业也必须被重新评估与构想为一项激发新知识、实现教育和社会变革的集体事业。

教师在构建新的教育社会契约方面发挥着独特的作用。教学是一项复杂、精细、富有挑战性的工作，在公众和个人之间的紧张关系中挣扎。教师们协同工作，通过对话向年青一代传授知识共享，而年青一代则继承这些知识，并将其运用在对未来的共同建设上。教学包括小组合作，而这同时契合着每一名学生特殊的需求与能力。这些紧张关系和矛盾构成了教师这一不可替代的工作的特征。

教学要求教师具备同情心、能力、知识与道德决心。聪明、博学的人物在世界各地的文化中都会受到认可，从这一传统看来，“教师”在学校这一语境下应是一个专业化的行动者。他们的作用十分关键，变革的可能性取决于他们。反过来，他们也必须承认学生们参与、协作并通过师生共同的教学际遇进行学习的能动性。为了承担复杂的工作，教师需要教学共同体的密切配合，教学共同体的特征是提供充分的自由与支持手段。支持教师的自主、发展和协作，是我们为教育的未来所凝聚的公众团结的重要体现。

本章首先重申教学作为“协作性专业”的未来，这一专业是通过团队合作，以及为不同学习者提供多方面教育工作的专家而发生、演变和运行的。一旦教师被视作反思的实践者和知识生产者，他们将在自己的职业范围内外促进知识体系的不断扩展，而知识体系不断扩展正是改革教育环境、政策、研究和实践所需要的。

接下来，本章思考新的教育社会契约在教师发展的整个生涯中，可能对教育产生的影响——从教师招聘到成为新手教师，再到成为可信赖的从业者——这一跨越时空的丰富且连续的旅程，既是个人独自经历的，也是在他人的陪伴下进行的。

本章呼吁学校、社区、家庭、管理者、高等教育机构和政府机关团结起来维护教师，肯定其工作的重要性，为他们的成功创造条件。本章在最后针对教师、学校领导者和政府部门都特别关注的问题，提出了面向2050年的对话与行动指导原则，包括支持教师合作、重视知识生产、支持教师自主权、支持教师参与关于教育的公开讨论。

将教学重铸为一项协作性专业

根据时间和地点的不同，教师具有一系列不同的社会角色与职能。不同的文化对教师角色的看法往往各不相同，例如，他们可以是公务员和公共知识分子、专业人士和艺术家、社群领袖和变革缔造者、道德权威的持有者和“未来信托”的管理人。人类历史上许多最伟大的人物都会被描述为教师，从精神领袖和科学家，到古代哲学家和数学家，他们在教育周围人的同时，也把人类传承的知识提升到新的高度。

从历史上看，教师在构建19世纪和20世纪的教育社会契约中发挥了至关重要的作用。无论是在与社会的关系上，还是在学校教育的组织上，他们都处于建立大众化义务教育的核心。在早期，教师们往往既是第一批公立学校的教育者，也是破土动工的创始者。“师范学校”最初的名称表明了人们对它的期待：标准化的学校结构、课程、教学法和规范化的日常工作。标准化和模式化旨在建立可供其他学校参考的规范和模式。从美国到中国，从巴西到印度，20世纪世界范围内加强教师教育机制的工作成果是显而易见的。

随着学校教育的发展，个体教师在他们的工作、角色和价值方面已经变成了核心的行为主体。同样，随着教育需求的扩大，“一间教室”已经不再能够满足需求，学校开始将学生依照年龄分组，将其分配到不同的教室。然而，这种扩大了的“鸡蛋箱”教育模式并没有对教师这一角色进行重新构想，他们仍然各自为政，只专注于自己的教案和教材，彼此之间少有互动。这种教学模式给教师带来了越来越大的压力，使他们的工作难以为继。

教师的个人天赋与能力需要通过协作和支持得到加强。

教师的个人天赋与能力需要通过协作和支持得到加强。在为我们的共同未来重新构建教育社会契约方面，教师已经并且必将继续发挥核心作用。将合作与协作融入教师工作模式的程度将直接影响他们履行这项使命的能力。

包容性教育环境中的教师

为了支持学生，教师必须与学校的其他教师及专家协作，为每位学生提供学习所需的支持。教育是教师的个人工作这一观念，给教师提出了只靠个人无法满足的要求，这可能导致许多人离开这个行业。同时，学生的身体、社会和情感需求是他们学习能力的组成部分，需要得到一个系统的支持，而这样的系统通过提供各种必要帮助来提高教师的效能，包括健康和营养方面的、社会服务方面的、心理健康方面的，以及特殊学习需要方面的帮助，尤其包括来自家庭的有效参与，以支持孩子们的教育。

一些有前景的教师团队协作方案正在出现。例如，一些学校与任课教师、读写专家和特殊教育教师成立了共同备课团队，确保每个人都能分享他们关于如何帮助不同的学习者学习语言的见解、想法和观察结果。在这种合作教学的伙伴关系中，教师们可以共同努力，满足个别学生的具体需求，同时推动班级整体向前。在另一些案例中，公益服务和非营利组织在重点领域与学校通力合作，在教室外与学生及其家庭建立联系，从总体上为他们的学习、健康和福祉提供帮助。有无数种颇有前景的方法，能把来自导师、辅导员、专家和合作教师的各种帮助带给有需求的学生。

考虑到这种协作的可能性，我们就可以更好地理解教师在建设场景众多的新教育环境中所起到的召集作用。这些新环境不是偶然的产物，而是各地方进行的系统性、有计划的工作的产物。地方领导者、有资历者、政府部门、社区和家庭都可以在其中发挥重要作用。社会工作者、指导顾问、特殊教育资源、图书管理员和读写专家可以使学生们带入教师们所共同构建的学习环境中的独特活力进一步增强。

学校周围的教育环境应包含一个学习空间网络，并且最好模糊或消除课堂学习与学校内外的课外活动之间的界限。为了维系这些网络，我们需要某些联系，而教师正是设计和建立这些联系的关键，但要想有效地做到这一点，教师们必须改变他们的精神气质、身份与认同。教师及其同事团队，作为新的教育生态系统与学习空间网络的召集人，在社会和制度方面发挥着重要作用，是塑造教育的未来的关键主体。

教学不是一个人在紧闭的教室门后带领一名学生完成活动或课程。相反，我们要将教学视为发生在整个学校中，与其他教育者一同进行的工作。从以教室为中心转向把学校作为学习型组织，这一转变并不一定容易。事实上，学校教育的僵化会使教学行业内的协作过程变得困

教学不是一个人在紧闭的教室门后带领一名学生完成活动或课程。

难。协作的理念并不会减少个人的义务或重要性，相反，它引入了新的责任，教师们需要在整个学校空间中采取集体行动，并在学校的管理和领导中发挥更大的个人作用。不过，企图强迫教师协作往往是徒劳和适得其反的。我们必须对课程和教学的组织形式进行改革，以便自然地促进教师之间的协作。如果所有的教育都是以教师在教室里授课的形式来组织的，那么协作就毫无用处。反之，如果学习是在不同的时间和空间中基于问题和项目进行组织的，那么协作将必不可少。

构想和制定课程与教学法

课程不仅需要设计和规定，也需要落地执行。在开放和共享知识的基础上构想并制定新的课程形式，这在很大程度上取决于教师的工作。虽然数字技术为我们提供了一个充满可能性的世界，但是，只有当技术是为了满足学生在特定环境中的特殊需求和特点而设计的时候，创新才最有可能成功。教师在个性化的学习中扮演着重要角色，因此才能使个性化学习真实而适宜。他们需要自由度、充分的准备、教学资源，以及为学生们调整、构建、设计和创造最佳学习机会的外部支持。未来的课程必须为教师提供广泛的自主权，并辅之以有力的支持，这既包括技术提供的支持，也包括与同行的密切协作、与大学教授和科学家等学科专家的协作提供的支持。

参与式和协作式的教学法不仅以课堂上的合作学习的形式展开，而且以课堂与高校学习社区之间的合作学习的形式展开。教师面对的一些复杂挑战很难依靠个人来解决，但可以通过学校网络、与大学的伙伴关系，或者由特殊教育组织支持的专业共同体来解决。在设计高质量的学习经验时，教师可以通过多种方式与他人进行合作，这些方式包括：学习小组、教师委员会、教学团队、同伴指导、培训、观察和现场参观。

专业的教学知识以理论与实践之间的对话为基石，通过个人和集体对不断积累的经验做出的反思而发展。没有两个教学情境是完全相同的，这也部分地解释了为什么最复杂的机器也无法替代教师所做的关系性工作。教学使每位学生成为人类与知识的关系的一部分，使他们进入一个具有可理解性、创造性和敏感性的世界。没有教师，就没有对课程和教学的重新构想。

没有教师，就没有对课程和教学的重新构想。

教师与教育研究

教师需要反思的一个关键方面就是他们与知识的关系。对一些人来说，精通教学科目的知识最为重要。对另一些人来说，教导与教育学方面的知识是最重要的。第三种知识则是专业的教学知识。在任何职业中，从业者往往都能对经验和实践进行系统性的实验和评估，从而为生产和传播专业知识提供助力。

基于实践的知识对于塑造一种把教师视为反思性实践者的专业极其重要。从个人层面上来看，专业的教学知识具有直觉性、实践性和关联性的维度。协作式的教学工作自然融入了同伴间的反思和分享。这种研究可以越来越多地被转化为写作，教师作为作者。一项专业不仅需要把自身的传统、经验和实践记录下来，还需要发现探究和创新的新方向，确定研究课题，并加以研究。一旦教师被视作反思性实践者和知识生产者，他们将在自己的专业范围内外促进知识体系的不断扩展，而知识体系不断扩展正是改革教育环境、政策、研究和实践所需要的。

持续一生的教师发展之旅

目前，世界上存在着各种各样帮助教师们做好准备、担负起教师职责的体系和机构。我们必须承认，无论拥有怎样的证书和经验，教师的职业身份、能力和专业发展都不会“完结”或“完成”。教师的发展是一个丰富而且动态的学习和体验的连续体，是持续一生的旅程。

教师的个人和文化维度也必须得到承认和重视。作为一名教师，需要扩大自己的经验储备，多接触知识和思想世界。如果教师本人不是热心的读者，便不能促进学生的阅读。同样，如果教师本人对科学没有好奇心和兴趣，也无法有效地向学生传授科学。学生们能从教师的身教中学到和言传中一样多的东西。

每一名教师的“生活图书馆”都是他们所从事的工作的基础。正是在这种学习和文化富足的喜悦中，教师才会积极推动与生活缠绕在一起的教育，而通过推动这一教育形式，教师得以促进与他人、与生命之星的新的欢乐与团结。

教师招聘

对于一些人来说，早在他们自己还在接受教育的时候，就已经开启了成为一名教师的旅程。另一些人则会在以后的生活中看到这样的机会，出于各种原因，他们可能会改变自己的职业道路。在过去30年中，学校教育得到了大规模的扩张，这也使得教师招聘的范围比过去设想的扩大了许多。这带来了一些好处，例如在一些地方，女性在这一职业中就业的比例有所提高；但它也带来了一些消极的影响，例如拥有专业技能的教师比例，以及教师的工资和社会地位都有所下降，围绕着教育的资助体系也不堪重负。

在许多地方，对教师的要求也在提高，这对人才招聘产生了很大的影响。教学的压力、风险和困难压过了希望教书的人的兴趣和倾向，导致进入这一职业的人数显著下降。与此同时，对教师的需求仍在不断增加：为了实现联合国可持续发展目标中的教育目标，到2030年，全球需要招聘近7000万名中小学教师。在新冠肺炎疫情大暴发期间，这一情况更加严峻，许多人离开了这个行业，因此需要招聘更多人才来填补留下的空缺。如果再不做出重大改变，就很难吸引到大量有积极性的、打算从事教师职业的人来应对师资短缺。这将成为公共政策和整个社会的当务之急。

这种情况在国家和地区之间尤其不平等。最缺少教师的地区是撒哈拉以南非洲，该地区同时拥有增长最快的学龄人口。我们需要采取紧急措施，提高新一批师范生的教学能力。虽然存在巨大的人才潜力，但供给侧的障碍往往会在许多领域限制人们获得认证和资格的机会，特别是在高等教育机会较少的国家。我们应该考虑创造性的教师招聘和职业发展方法，尽可能地加强地方能力，充分利用地方社区丰富的协作潜力。

国家内部各层面也可能出现合格教师短缺的问题，这主要是因为各地区发展的不平等。在新冠肺炎疫情暴发之前，训练有素、经验丰富的教师的分布已经不均衡，城市和农村之间、为不同社会经济阶层的孩子服务的学校之间，都存在明显的差异。矛盾的是，最需要优质的、有经验的教师的地方，提供教育服务的人往往是新手教师、志愿者或学历不足的教育者，且流动性很高。除了制定能够吸引新一代教师加入这一行业的政策，我们还需要采取紧急措施留住最优质的教师。

我们需要采取紧急措施留住最优质的教师。

在学校中招聘并认可原住民教师、当地教师和侨民教师——在某些情况下，是为了更好地反映学校的学生自身的文化传承——可以更好地促进对多样性的尊重，促进学生们的学习。事实上，来自这些群体的专业人士拥有丰富的生活经验，与他们自己的社群保持联系，因此十分了解对于创造公正、公平的教育未来十分重要的需求、抱负和文化模式。

教师教育

我们需要重新思考教师教育，以便与教育优先事项保持一致，更好地面向未来的挑战和前景。世界各地区，特别是撒哈拉以南非洲地区的许多教师专业水平不足，要求我们必须采取紧急措施。我们不能用一刀切的模式来应对这种变化。与政府部门、研究人员、教师协会、社区领袖等和教师教育有关的不同行动主体进行协作，为创造新的学习和创新空间提供了可能性。

教师教育不能忽视数字文化与知识的生产和传播方式的关联，也不能忽视数字文化与其自身给人类生活和地球带来的变化的关联。在不把技术当作一种万灵丹的情况下，我们不仅要把数字媒体当作一种混合的、远程职业发展的手段，更要将其当作一个研究主题。此外，我们还需要研究数字媒体和平台的经济性、教学效果、认知和伦理的可能性，及其盲点和缺点。

有效的教师教育必须解决导致教师流失的问题。为了支持这一职业，我们不仅要吸引足够的合格候选人，还要重新设计教师的角色，从而使团队之间的协作，专业知识、资源和基础设施上的支援，都能共同促成其专业上的成功。例如，在新冠肺炎疫情期间，技术平台和专业发展不足以有效地支持远程学习，导致世界上许多地方的教师都承受了更大的压力，感到了倦怠，随后一些教师放弃了这一职业。

新教师

对于任何职业来说，新一代从业者获得接纳和社会化都是职业发展至关重要的一步。新教师开始工作的头几年是一个关键时期，入职培训项目应该在这一关键时期通过协作型的备课机制、经验丰富的同事指导等方式为他们提供支持。专业准备和专业实践之间的过渡阶段是教师职业生涯中最关键的阶段，但政策和行业本身往往会忽视这一阶段，结果导致了极高的流失率。

教师职业与其他职业一样，都与知识储备相关。教学的专业知识需要整合和社会化的过程，这一过程涉及初任教师准备机构、学校和经验丰富的教师。如果我们考虑到变化的环境、背景、学习环境以及21世纪的教育所包含的学习者的多样性，那么这种联系就更加重要了。新的挑战要求各世代的教师通力协作，没有什么比教师们作为一个相互信任的共同体彼此支持更有助于应对未来挑战了。

当教师与学习者一同参与行动研究、问题解决和项目式工作，或尝试新技术的时候，他们会引导知识的创造。这些过程应成为入职培训项目的基础，加之同事间的协作，共同帮助新教师融入这个行业。

持续的专业发展

教师需要专业发展、教育和支持的机会，以便与种族、文化和语言多样化的不同人群共事，从而能够包容并充分帮助那些有特殊需要的学生，推动个性化学习。他们必须确保来自历史上被排斥和边缘化的群体的学习者也能获得充分的支持。有些地区的课堂结构会因气候变化、社会和政治暴力、武装冲突——预计这些情况在未来几年还会增加——导致的国外移民和国内流离失所者人数增加，从根本上发生改变，这些课堂的多样性将尤其复杂。

专业发展需要成为从师范教育和受指导的实习经验开始，经历入职培训、职业指导和定期举行的在职专业发展这一连续体的一部分。职业道路上的稳步前进需要和有意义的持续专业发展相联系，持续专业发展与教师的日常活动密切相关，且易于融入专业实践中。

有效的专业发展项目往往会明确关注学生应该学习什么，以及教师可以做哪些事情来支持这些学习或评价学生的进步。最有效的发展项目持续时间较长，至少有一部分是以学校为基础，并扎根于经验的，这些发展项目可以为教师提供许多机会，让他们能应用所学，进而发展属于自己的教学和概念知识。

公众团结以改变教学

为了使教师能够为新的教育社会契约出一份力，教育机构需要对管理教师的选择、准备和职业轨迹的政策，以及职业自身的组织方式做出重大改变。协作不应只让教师承担更大责任，而应为他们提供支持和经费资源，使他们能够广泛地与教育利益相关者，特别是家庭和社区、高等教育院校和各种社会机构进行接触。

教师的工作条件

尽管研究表明，在学校里高质量的教学是决定学生成绩的唯一最重要因素，但教师依旧得不到充分的认可、重视、报酬和支持。如果得不到必要的公共投资和公众意愿，就很难在世界范围内解决与教师职业结构、职业管理、激励、工作满意度相关的问题。过度依赖那些临时代课教师或欠缺资质的教师，会对整体的教师行业和公共教育造成损害。

恶劣的工作条件和薪资报酬会使那些有可能成为教师的人望而却步。在对这些紧张关系和需求进行分析时，我们不难看出教师工作的性别性质，在一些国家里，女性教师的人数有所增加，这为降低薪酬和扩大薪酬差距提供了借口。教师的工作条件有必要得到改善，这不仅需要金钱上的补偿，也需要教育机构缩小班级规模，改善学校安全，加强专业认证和合规性，增加制度支持，培养合作文化。

总的来说，对教师职业需要重新设计。这一进步过程应以能力、专业发展和与学校项目相辅相成为基础，还要包括对新教师的指导、与合作教师共同备课、引领学科领域或周期、安排导师或顾问等有组织的支持服务，以及为研究和进一步的专业发展提供休假，等等。在越来越大的压力下，教师需要在体制要求和教学要求之间构建一种更加平衡的关系，同时，教学中隐含的无形工作也应该被纳入考量，例如教师对当地社区事务的深入参与。

我们需要对教师劳动法规、标准和工作量进行彻底的和具性别意识的修订，确保它们符合新的教育优先事项。此外，有必要承认由强制要求和问责技术形成的新的管理方式往往会降低教师的自主性。大规模考试的兴起、教师评估、学校督导和教学标准都是对教师施加的沉重压力，这还只是部分例子，教师们承受着巨大的压力，却常常得不到相应的支持。

一些教育体系乐于接受人工智能技术，将其作为加强内部治理、提高效率、履行公共责任的手段。机器学习技术的发展，虽然使我们在教学知识和教学过程的可见性方面有所收获，但也有可能使教育过程分裂成“数据集”，加速走向管理主义、监视和教师的去专业化。在可以使用这些资源进行政治监控的国家，这种情况尤为严重，学校利用人脸识别软件和人工智能对学生和教师进行监管，这种做法与以促进基本自由和人权为目标的联合国《世界人权宣言》第26条背道而驰。

教师工作牵涉巨大的责任，因此这一工作必须对社会，尤其是对未来负责。要想做到这一点，教师必须有安全感，要能在一个开放、充满信任的环境中工作，还要能够自由自在地促进新的思考方式和对这个世界的归属感。这与最近一些建立在管理主义和社团主义基础上的问责形式是不同的，后者只会削弱，而不是支持教师的工作。

大学与教师的持续关系

高等教育与教师职业关系紧密，新的制度结构应该体现这一联系。我们应当把**一起**重新构想我们的未来这一理念转化为一个承诺，一个大力推动中小学、教师和大学，在教师职前培训和持续专业发展领域协作与合作的承诺。高等教育能够质疑并重塑下一代教育工作者的思维模式和教学法。反过来，教育者也可以帮助大学改变自己，重申它们的公共使命，并更好地理解其在更广泛的教育生态系统中所扮演的角色。

在大学与教师的更普遍的联系中，大学必须强化其在教师教育方面的具体职责。从历史角度来看，这一直是中小学教育与大学教育的主要联系之一。然而，在大多数地方，有必要对教师教育方案和战略进行彻底变革。

在构建和实施教师教育项目，尤其是涉及教师职前准备方面的项目时，大学需要用一种基于关系的方法，这是上述承诺中最重要的一个。大学和中小学都无法单独承担起教师职前准备工作。一些项目通过侧重于创建新的空间与环境来填补这一缺口，包括政府部门、教师协会和非政府组织在内的多方行动者可以齐聚在这些空间和环境中，开展专门的联合工作。另一些项目深入学校，采取探究式的学习和行动方法。这些项目无须局限于教育学院，它们也能把中小学的学习，与大学推进并调动起来的全方位的知识共享联系起来。正如许多地方的大学建立了科学和工业“园区”，我们需要类似的以教育为中心的空间，将各方利益相关者聚集到一起，共同进行学习设计和教师准备工作。

> 大学和中小学都无法单独承担起教师职前准备工作。

另一项承诺涉及对教师入职培训项目的加强。其最佳策略是重视导师制，通过在专业发展和专业实践之间提供充分的过渡，来确保年轻教师的社会化——所有这些都需要大学与师范学校的大力协作。教师与大学之间的持续接触，可以极大地改善中小学的情况，加速教育改革的进程。在教师的整个职业生涯中，培训项目和教育学院都应参与其中，保持与教师的联系，激发一种教育工作者能够把工作中的真知灼见带回高校的相互促进的关系。

最后，高等教育中教授团体的教学发展也需要转型。高等教育体系中的讲师和教授可以通过协作备课、教学和支持学生学习等获益良多。团结与协作的教学法在高等教育中的重要性不亚于其在儿童和青少年教育中的重要性——事实上，这种教育方式对大学所培养的新一代专业人士、领导者和研究人员具有更大的意义。

教育决策及公共领域中的教师

如今，我们需要这样一个公共领域，使得教育问题能在其中作为被讨论和商议的对象，这一公共领域的重要性是不可否认的。重要的不是讨论或咨询本身，而是建立一个由政府部门、家长、社区、公共和私人实体、协会和青年组织，以及教师及其组织参与其中的决策机制。

教师的工作并不局限于专业空间，它还会扩展到公共空间、社会生活和共同利益的建设当中。从这个意义上说，让教师参与公共政策的制定尤为重要。但是一些地方的情况远非如此，教师的权利被剥夺，行动的余地很小，不能参与有关教育政策的辩论和协商。

成为教师，不仅仅是一个人在行业内获得一个职位，还意味着这个人可以在重大的教育问题和公共政策建设方面公开表态。参与此类事务的主要目的不是捍卫他们自身的利益，而是将他们的意见和知识输送到更广泛的社会和政治领域中。

展望未来，必须指出的是，教师的工作不应局限于课堂空间，而应延伸到学校的整个组织和行动之中。教师在把学校打造成一个学习型组织上发挥着至关重要的作用，在这样一个组织中，教师为全体学生塑造并分享一种以学习为中心的愿景，同样在这里，全体教职员工也拥有持续学习的机会。教师可以在研究、创新和探索的文化中，带头开展协作和共同学习，为学习的组织和共享建立一套完整的体系。

对话与行动的原则

本章建议，在新的教育社会契约的背景下，教学应进一步专业化为一项协同性的工作，教师在其中应凭借其作为知识生产者和教育与社会变革的关键人物所做的工作而受到认可。在我们展望2050年时，有四项原则可以指导落实这项建议所需要的对话与行动。

- **协作和团队合作应成为教师工作的特征。**我们应该支持教师作为教育环境、关系、空间和时间的重要召集人，与他人共同工作。要想实现高质量的教学，团队和有利的环境缺一不可，这些条件能够确保学生在身体、社会和情感上的需求得到满足。
- **生产知识、反思和研究应该成为教学的组成部分。**教师本身应该被当作智力投入型学习者，并获得相应的支持和认可，其工作内容包括指出新的探究和创新领域、确定研究课题、创造新的教学实践。
- **教师的自主性和自由应该获得支持。**我们应该鼓励教师具备强烈的职业认同感。这就要求我们为教师提供适当的入职培训和持续的专业发展，从而确保教师在教学设计和引导学生学习的过程中能有效地运用他们的判断力和专业素养。
- **教师应参与关于教育未来的公开辩论和对话。**我们应该确保教师加入一起重新构想教育所需要的社会对话和参与式决策机制中来。

在制定新的教育社会契约时，我们应该从这四项与教师工作变革有关的指导原则中得到启发。有关教学和教师的共同对话是教育改革的重要组成部分。

第 6 章

保卫并改造学校

家是我被迫遵从他人关于我应该是什么样的人的看法的地方。学校则是我可以忘记那样的自我，并通过各种思想，重塑自我的地方……。课堂虽然有种种限制，却依然是一个充满可能性的场所。在那片蕴藏着可能性的土壤里，我们有机会为自由努力奋斗，对我们自己和我们的同志提出要求，开放的思想和心灵让我们能够面对现实，即使在我们共同想象超越界限、超越规范的方法之时。

——贝尔·胡克斯（bell hooks），《教会超越：教育作为自由的实践》（*Teaching to transgress: Education as the practice of freedom*），1994年

学校是应该受到保护的教育场所，因为它们支持包容、平等，以及个人和集体的福祉。学校也应该被重新构想，以便更好地推动世界向一个更加公正、公平和可持续的未来转变。

为了实现团结合作的教学法，加强学校与知识共享的关系，学校必须投入时间和空间。学校蕴含着各种潜力和希望，也不乏各种缺陷和局限，但学校一直都是最基本的教育环境之一。学校代表着社会对教育作为一项公共人类活动做出的承诺。然而，学校的设计方式并不是不偏不倚的，它反映出人们对学习、成功、成就和人际关系的种种预设。

学校所展现的建筑环境和时间制度使人能一目了然地看到什么事情是可以做的，什么事情是不能做的，谁受到欢迎，谁遭到排斥。教师作为教学际遇的主要发起者，需要在这些组织结构中，按照学校所允许的互动和学习方式工作很长时间。学校环境是否有益于协作、探索和实验？对于通过尝试和错误进行学习和反思这一做法，它是高度批判的还是持鼓励态度的？它能否不局限于年级或年龄，促成人与人之间跨越年龄层和人生阶段的广泛接触？这一系列接触又会建立怎样的师徒关系、友谊和心态？学校环境会把个人成就放在高于一切的位置上吗？还是说它会认为个人发展和同伴发展是相辅相成的？

本章首先简要考察学校作为在几乎所有文化和传统中都发挥着重要作用的关键社会机构是如何出现的。学校不仅代表了中小学教育的独特时间和空间，它们中的许多更是凭借自身的力量成为社会的中心，汇集了一系列支持个人、家庭和社群福祉的社会公益和服务。尽管如此，学校的成就依然有限，其中的部分原因是对学习的空间和时间结构的狭隘定义。这一章接着探讨可能发生的转变：扩大课外学习范围；重新考虑上课时间和结构，从而促进学生更深入地参与课堂；反思数字技术在支持校内活动方面的潜力。这些全都是我们在把制定新的教育社会契约转化为学校改革的时候需要考虑的因素。

教育能帮我们打造可以适应危机、未知及不确定性的宜居的集体未来，要想实现这种教育，强大的学校是必不可少的。

本章最后就学生、教师和教育工作者、政府和民间机构都关心的问题，提出面向2050年的对话与行动指导原则，包括保护和重新设计作为协作空间的学校、积极利用数字技术、示范可持续性和人权。

学校不可替代的作用

假使学校不曾存在，我们也需要把它发明出来。学校是更大的教育生态系统的核心组成部分。学校的活力表现了一个社会对教育作为共同利益做出的承诺。学校为儿童和青年提供了独特的环境，让他们能够参与知识共享。它们是进行冒险、应对挑战和尝试可能性的地方。学校要确保每个人都能获得将维持我们共同的未来的经验、能力、知识、道德和价值观。展望2050年，学校需要通过跨世代的、跨文化的和多元化的接触，培养学习者团结和互惠的道德观念。

假使学校不曾存在，
我们也需要把它发明出来。

基本的教育工作在许多不同的时间和空间中进行，但是校园中的公共时间和空间是独特的。学校的空间促进了社会关系。教育和学习会激发人与人之间的互动、对话和交流，学校的建设应该有意识地增进这种人际交往。学校是集体生活的形式，将不同年龄、处于不同人生阶段的人们聚集到一起，向他人并与他人一起学习。远程学习能够为学校工作提供支持，但无法完全替代学校人际关系的这一特征。

日益增多的干扰——如新冠病毒在全球的流行和西非埃博拉疫情、暴力冲突、气候危机——使学校的独特作用愈发突出。这些事例提醒我们，学校不仅是学习的重要场所，也是社会福祉的核心所在。学校是为数不多的旨在保护最贫穷、最弱势的群体，并为他们提供机会的机构之一。作为社区生活的中心，学校既能够为当地社区自力更生提供巨大助力，也能为发展当地社区和自然世界之间的可持续关系提供强有力的支持。例如，面对2020年和2021年突然出现、规模空前的停课大潮，全球数百万儿童和青少年被剥夺了返回学校、回到同学和教师身边的机会。数亿儿童和青少年长期无法接受面对面的教育，这种情况会对他们的社会福祉、智力和心理健康产生持续一生的深远影响。

无论学生处于哪个年龄段，学校都应该培养他们的好奇心和求知欲。学生应该能在学校中接触到他们在家中或社区通常接触不到的思想和经验。有意为之的教学际遇使学校不可替代。在众多的教育场所中，学校作为兼有学与教的空间，具有独特的地位。人类会学，也有能力教和被教。这种美妙的相互作用将我们与跨越时空、跨越世代和认知方式的知识共享联系起来，也将彼此联系起来。没有教师，就没有学校。教师的教学使命是让所有人都能获得知识、建设集体的目标和能力、促进具有解放性的求知。同样，教师也要依靠学校，通过学校的空间和时间的良好运作来加强自身的工作。

共同的历史承诺

我们在大多数的文化中都能看到，人们会在发展知识、技术、价值和理解上投入专门的空间与时间，这些文化的知识实践之复杂，达到了人们仅仅通过观察、模仿或讲述无法学会的程度。在很多文明中，早期学校教育是随着书面语言的发展而产生的。有趣的是，英语单词school（学校）来自希腊语skholè，意思是自由或闲暇时间。欧洲教育发展以希腊的教育制度为主要模式，其他许多文明也都发展出了各自的学校教育制度，例如犹太学校、伊斯兰学校和阿兹特克学校。过去的两个世纪中，学校在全球发展和普及，扮演起核心的公共基础设施的角色，组织起探讨如何在这个世界上生活、如何创造世界、如何关怀世界的代际对话。学校使我们了解文化遗产，并对其进行改造和发展。

学校已经成为专门组织学习者接触知识共享的关键时空。学校有能力通过引导学生掌握内容丰富的推理、研究、调查和探究等传统，促进学生的认知实践。校园活动有助于形成特定的学术风气，也有助于增强学校与知识的关系。从历史上看，人们更注重传播业已确立的“真理主张”（一种在信仰体系内成立的断言）。然而，在过去几十年里发生的重大改变挑战了许多学校的这种直接的教学方法。通过更具参与性的学校教育实践和学校教育文化，学校教育比以往更加注重培养学习者对真理主张的产生和结果的理解。我们目前面临的困境和挑战，可以通过下述措施有效地解决：在学校里大力发展一系列认知实践，在各种不同的认识论和知识生态之间形成建设性的、更广泛的联盟。

学校学习已经发生了转变，它从传播知识的空间，转变为提供更多参与和探索机会的场所。纵然发生了这种转变，学校学习依然是必不可少的。然而，为了避免僵化，响应这个世界的种种挑战，学校学习需要明确哪些认知方式可以融入学习的时间和空间中，滋养人类经验，而不是使之枯竭。要想创造能够促进代际学习的公共活动的学校教育时空，我们的路还很长。

必要的学校改革

学校要成为一个每个人在此都想要发生转变、获得幸福，并将这些愿望化为现实的地方。最重要的是，学校必须允许我们作为个人及作为集体，去实现无法预见的可能性。在世界许多地区，接受学校教育的机会都有所增加，这为人们提供了变革的机会，使个人和整个社群能够提高认识，发展新技能和理解，并展望学习和发展的新方向。然而，今天的学校往往会加深不平等、扩大差距，这是需要我们摒弃与纠正的。

> 学校必须允许我们作为个人及作为集体，去实现无法预见的可能性。

为了引发根本性的改变，未来学校的组织原则应该以包容与协作为核心。卓越、成就、质量、测量和进步也都是有价值的承诺，我们可以用包容而非边缘化的方式对其进行调整。

我们可以将这些新的学校环境想象成一座大型图书馆，在这里，一些学生通过联网或不联网的方式独自进行学习，另一些学生向同学和教师展示他们的作业。其他人则在这座图书馆之外，与校园外也许十分遥远的人和世界进行接触。这座图书馆支持着无数种情境和时空。它是一个全新的环境，与通常的学校和教室结构截然不同。我们既可以把图书馆当作一种隐喻，也可以照字面意思进行理解。它提醒我们，学校的时间和空间要成为连接学习者与知识共享的门户。

学校是合作、关怀和改变的平台

学校在成为包容与协作式的学习环境的同时，必须也是没有暴力和欺凌，欢迎各种不同的学习者的安全的空间。集体的、协作式的学习并不意味着每个人都要保持一致。有效的协作式学习可以充分利用学生和教师（在能力、本领、认知、兴趣和天赋上）的差异。从有利的角度来看，学习是属于我们每个人的一趟独自经历的旅程。协作式学习必须具有包容性和公平性，同时也不能损害学习者的个性。但从另一个同样站得住脚的有利角度来看，学习又是一趟集体的旅程，它是在人与人的关系中形成的。

从更大的范围来看，自我教育也是非常重要的一部分，因为教育的个体功能和集体功能是相互促进、相互加强的。虽然我们不能替别人学习，但大家一起可以学到更多。我们知道的取决于他人知道的。教育就在我们的关系和相互依存中发生。世界各地已有许多学校展开了有效的集体学习，它们的工作激励人心。但是，各地的学校也应围绕这些关系和相互依存性，更好地进行布局。

学校和教师在支持学习者方面所做的工作不可或缺。许多人都能说出曾经积极地改变自己人生的教师或校园经历。与此同时，学校也经常会使一些学习者遭到排斥、边缘化，会再生产不平等的现象。全世界约有一半的学生在完成中学学业时，甚至达不到各项基本能力的最低熟练水平，这一结果让人无法接受，这是学校的失败，它们既辜负了学生，也辜负了社会。正如世界各地无数案例向我们展示的那样，我们必须推动学校成为具有适应能力和改革能力的机构，这是完全有可能实现的。

学校应与其他教育空间形成更加紧密的联系，这对学校来说是百利而无一害的。参与“教育的未来”倡议的100万人形成了一个明确的共识，那就是学校的设计（建筑设计、课程设计、教室组织和学习活动设计）需要改变。受2050年教育愿景启发的美术作品预见了一排排课桌的消失。几场教育创新者之间的小组讨论告诉我们，一旦我们正确认识学习在多重时间和空间中发生的方式，我们就会明白学校可以以何种方式发生转变，例如，我们可以弱化分隔教室与外部世界的墙壁，将课程重新定义为旅程。总而言之，学校需要变得更加包容、更具吸引力、参与性和适切性，从而为未来几代人提供不同的学校外观与校园体验。

学校要成为学生学会如何可持续地生活，并将这些信息带回他们的家庭和社区的地方。“净化”学校和使教育行业实现碳中和具有无限的潜力。学生可以在这项工作中发挥带头作用，发展相关的知识和技能，帮助构建我们的世界迫切需要的绿色经济。

学校为了实现我们的期许，必须打破僵化、统一的组织模式，这种模式在过去两个世纪的历史中长期统治着学校。改革至关重要。人们在19世纪和20世纪所做的努力令人印象深刻，它也告诉我们，我们今天所知的传统学校模式，正是对未来的洞察之源。在过去的150年里，建筑师、公共卫生专家、哲学家、公务员、教育工作者、社区和家庭基于人类悠久历史中对教育的洞察，扩大了教育的可能性。随着时间的推移，这些努力在物质层面——比如通过学校建筑和教室——形成了大众公共教育这一非凡的社会机构。今天，我们需要以同样的想象力、决心和协作，面向更加公正和公平的共同未来，为新型学校赋予物质形式。

从教室到学习者共同体

在世界各地，教室已经成为学校教学的主要场所。我们在对新的充满包容和协作的场所进行想象的时候，也许要更经常地把“室”抛在脑后。但是，归属于一个专注、多样的学习伙伴共同体是很重要的，这一方面不该被放弃。

> 在未来的学校里，学生们可能不再局限于传统的课堂，但他们依然要与同学们保持互动。

传统的学校模式，已经在根据学生的年龄、成就、能力或性别对学生进行分类方面投入了大量精力。与此相反，我们应该赋予教师更多的灵活性，由他们去建立、试验和调整学校中的学生分组。有些教学适合人数较少的学生小组，另外一些教学则适合更多人一起学习。无论怎样，归属于学习者共同体的价值是学校需要加强的一个特点。在未来的学校里，学生们可能不再局限于传统的课堂，但他们依然要与同学们保持互动，分享学习带来的欢笑和泪水。

我们还需要重新思考课堂上的学习期望。在全球大多数地方，儿童和青年要整天坐在教室里，被动地吸收大量信息。这一模式已经深深嵌入学校建筑、家具设计及教室里的物品和材料之中。在学生身上，沉默、听话已经成为专注和高效的同义词。熟练的教学往往等同于维持秩序和消除“不必要的”噪声或动作。当静止不动被视为学习的必要条件时，学校及教室就变成了乏味、令人不快的地方。高度集中的注意力拥有巨大的教育价值，但我们需要询问，目前的教室和学校布置是否恰到好处地促进了这一点。

虽然我们必须保护学校的社交空间，但它不必被围在四壁之内。学校的社交空间可以是开放的、灵活的，也应该充分利用各种社会、文化和环境资源。把教育局限在“一刀切”式的课堂中，会限制学习，也会削弱学校原本可以创造的可能性和机会。

支持多样化教学法的学校架构

学校需要对上课时间安排进行调整。上课在使一批学生专注于一项共同活动方面发挥着重要作用，同时是构建教育际遇、推进代际对话的重要机制。然而，传统的课程表设计有相当大的局限性，尤其是只能在每天或每周重复的固定时间段内上课这一点。

上课必须让位于重视学习方式和模式的多样化的教学法。还有许多其他方法，可以利用促进代际和跨文化交流的不同的学习模式，发挥教师的高水平能力和知识，把人们聚集在一起共同努力。例如，基于问题和项目的教育方法比传统的授课方式更具参与性和合作性。基于探究和行动研究的教学法可以让学生同时获取、应用和生成知识。共同体参与式教学法和服务式学习可以使学生在以谦逊的姿态进行学习的同时，对学习产生强烈的目的感。学校有必要对自身组织方式进行重大的改革，从而充分使用这些教学法来提高学生开展协同工作的能力，本着团结的精神，拓展集体商议和采取行动的能力。

为学校提供支持的数字技术

数字通信技术在使学生可以与那些拥有相同兴趣和疑问的人发生联结的同时，也为教师和学校的工作提供支持。数字联结为教师和学生访问世界各地的信息、文本和艺术形式带来了极大的便利。你现在可以在任何时间、任何地点查看世界上最伟大的图书馆和博物馆的藏品。数字工具还使学生可以制作视频、演示融媒体、编写游戏和应用程序代码，将他们的创意传播到世界各地。

数字设备在支持学校创新教学方面具有开创性的潜力。数字工具也已成为促进家长、教师和学生之间有效沟通的有效方式，并反过来协助父母支持孩子在学校的学习。

新冠肺炎疫情已经证明，学校不可能完全转移到虚拟空间。

新冠肺炎疫情已经证明，学校不可能完全转移到虚拟空间。即使在互联网连通程度高、设备使用情况相对公平的地区，学校建筑在突发情况下的完全或部分关闭也让人们重新认识到，校园在实体和社会层面上为所有人共享是多么重要。在家里上网课只是学校物理空间所能提供的教育的有限替代品。

从新冠病毒在全球的流行，到其他紧急情况下的教育，在挑战和干扰发生的时刻，教师和学生们所做的各种随机应变和尝试性的实践都展现了他们的决心、投入和足智多谋。例如，许多学校体系都意识到，在危急关头要把个人需求和社会福祉放在首位，并推迟考试、暂停课程要求的授课进度、把课堂互动的侧重点放在真实学习和学生的安全健康上来。在新冠肺炎疫情期间，教师的工作变得更加公开，尤其是对于家长来说。教师需要具备的高水平的专业知识和教学参与，既得到了许多人的尊重，同时也受到了严格的审视。一些学生在接受线上远程教育方面得心应手，他们的积极经历提醒我们，未来的学校要以学生为中心，要有能力支持他们作为完整的人的社会、情感、认知和道德发展。

培育学习的社会维度也意味着我们要在这个联系日益紧密的世界里坚持公民教育，使个人能够相互关怀，接受其他观点和经验，并参与对环境和我们共享的自然资源负责任的实践活动。单靠数字手段是无法达到这些目的的。学习者依然有必要在学校内外进行参与式学习。

学校应该是这样一个地方：相比于过去的局限，学生们与未来的可能性有更紧密的联系。机会均等原则的目的是使学生不论背景如何，都能摆脱他人期望的束缚，从而使出身不等于归宿，无论个人还是社会，都能拥有一个与过去相比更加美好的未来。

机器学习的关键问题是，它只能通过回顾过去来创造未来。研究表明，人类决策中存在的刻板印象、性别偏见和种族主义在数字平台上更加根深蒂固，原因很简单，机器是从包含当今社会各种偏见的数据集中“学习”的。大多数基于技术的个性化学习项目的算法也是如此。对于学习此类课程的学生，学校只会根据其过去的表现来了解和定义他们：上次做错了多少题，显示了哪些薄弱环节。这使学校几乎没有空间去实现他们本该培养的学生进行再创造、自我认识和意识到自己的各种可能性的能力。

教师可以成为个性化学习的设计者，这种学习依据的是另一套不同的假设，不针对过去的失败，而是面向参与和归属的可能性。数字化手段可以以多种形式为教学提供支持。然而，真正使学生能够接触到人类共享知识遗产的丰富性与多样性，支持智力解放，共同创造公正、可持续的未来的，正是我们的人际交往和牢固的（师生之间、学生之间和教师之间的）关系。

在学校里，我们还可以教会学生把数字空间和环境当作具有可塑性、容易出错的人类创造。编程和计算思维已经成为许多教育体系的核心学科，它们有助于阐明我们的数字大厦的构建方式，并为重新配置它们提供实践层面和理论层面的工具包。仅仅使用数字媒体，甚至教育媒体，很难为学习者提供思考数字化技术的新可能性的适当距离。把我们联结起来的技术与网络可能具有不同的安排、动机、方向、逻辑和功能，它们可以为我们的思想带来很多启发。基于这些原因，教育必须将数字交互视为一门探究和研究的学科，而不仅仅是为了达成课程目标而采取的手段。学校应该把对数字权利、监控、所有权、隐私、权力、控制和安全的讨论纳入正规教育。人们常说，我们有一天会生活在虚拟世界里，但从某种程度上说，这已经在某些地方成为现实。在某些国家，一个普通人每天花十几个小时上网沉浸在数字技术中的现象并不少见。学校需要帮助学生们学会如何在这样的环境中健康发展，利用这些环境创造、应对各种挑战并且成长。学校应该传播一种人类——无论集体还是个人——掌控技术的伦理。

建设协作文化

学校完全有能力推动协作、集体领导、集体学习，并朝着更加公正和公平的未来不断发展。然而，要想将其标准化为学校教育的中心目标，需要教师、行政人员和学校工作人员发展新的能力。学校的问责制需要从一种遵从现有规章的模式，转变为一个共同设定目标并开展评价的过程。学校的管理则需要培养专业的联合领导、自主性，以及在指挥和控制之上的互助。学校要想促进学生之间的协作，就必须促进教师之间的协作。学校文化通过促进教师、行政人员和学校工作人员的持续专业发展，能够为这种协作提供支持。培训、指导、个人和小组研究、行动研究，还有与其他学校和大学进行的协作研究，所有这些都有助于将学校重塑为一个学习型组织。

全球数十万教师和无数学校已经朝这个方向前进了。例如，在许多原住民环境中，人们正围绕着跨文化的学习和互动、与并非由人类独享的世界所进行的互动，借助跨世代的和祖传的知识、语言及研究实践，对学校进行重新构想。在另一些背景下，学校沿着一项涉及建设性的社区参与和创造性的集体努力的探究，对自身进行规划安排。职业技术教育培训也对学徒形式、有意义的课程和有效的培训进行了重新构想，从而填补了理论和实践之间人为的鸿沟。

我们需要学校认同全球团结一致，与其他学校和国家分享知识，以公共场所和协作环境为目标，对自身进行更新和重建。学校在全面巩固教育作为共同利益的地位方面发挥着至关重要的作用。

从中小学校到高等教育的过渡

历史上，除了教育类院校，高等院校很少关注中小学教育。然而，近几十年来，人们已经认识到，高等院校中与学生成就有关的许多问题，都必须在高等教育开始之前得到解决。从数学到科学，从文学到哲学，我们为了加强高等教育与中小学校之间的联系，已经发展出了一系列丰富的桥接方案，这通常是为了确保一直以来得不到倾听的群体也能参与进来。与此同时，大学研究人员在关于教育的一般性辩论中变得更加突出。

任何对高等教育所扮演的角色的考虑，都不能遗漏其与中小学教育、成人教育和非正规教育之间的必然联系。为了到2050年时使学习者在高等院校内外都能充分发展，各级教育的价值观和组织架构都应相互联通。未来的高等教育政策议程将需要衔接各教育水平，并更好地接纳非传统的教育轨迹与途径。我们已经认识到各级各类教育是相互联系的，因此我们需要一条面向高等教育未来发展的全部门终身学习路径。

> 未来的高等教育政策议程将需要更好地接纳非传统的教育轨迹与途径。

中小学体系与大学之间的伙伴关系有助于重新构想和加强教育。大学图书馆和研究设施可以为中小学生提供帮助。教授也应该用自己的专业知识，为当地中小学提供所需要的服务。这种伙伴关系能够提高教育体系制定和实施解决办法的制度能力，对大学来说也是一个机会，使它们在为公众行动服务，以处理当今一些最重要的问题时，能更审慎地整合其三大核心功能：研究、教学和外联。

对话与行动的原则

本章提出建议，在新的教育社会契约的背景下，我们应当保护学校这一教育场所，因为它们支持包容、平等，也支持个人和集体福祉，与此同时，我们也应当对学校进行重新构想，从而更好地促进世界向更公正、公平和可持续的未来转变。在我们展望2050年时，有四项原则可以指导落实这项建议所需要的对话与行动。

- **我们应该保护学校，因为学生可以在学校里经历在别处经历不到的挑战和可能性。**假使学校不曾存在，我们也需要把它发明出来。我们应该确保学校将不同群体的人聚集到一起，相互学习交流。
- **我们应该用构筑集体能力这一观念指导我们重新设计学校。**学校建筑、空间、时间安排和学生分组的设计，都应该以培养学习者的合作能力为宗旨。我们也应该把协作文化渗透到校内的行政管理和校际关系当中去。
- **数字技术的目标应该是支持学校，而不是取代学校。**我们应该利用数字工具增强学生的创造力和沟通能力。我们必须确保在把人工智能和数字算法引入学校的时候，不会简单地再生产现有的刻板印象和系统性排斥。
- **学校应该通过保障人权和成为可持续发展及碳中和的示范机构来塑造我们渴望的未来。**学生应该得到信任，并承担起净化教育部门的带头责任。我们应当确保所有教育政策都能维护和促进人权。

在制定新的教育社会契约时，世界各地的每个人都应该能够从这四项与保护和改造学校——这一人类最重要、最强大的教育机构——有关的指导原则中得到启发。

第7章

跨越不同时间和空间的教育

我们所有占据着城市的田野、山脉、河谷、河流、街道、广场、喷泉、房屋、建筑的人——无论男人还是女人——都会在每件事物上留下特定时代和风格的印记，留下特定时期的品位，而关于这一认识的教育、学习、教导、了解、创造、梦想和想象是一座具有教育性的城市所必不可少的……。城市就是我们，我们就是城市。

——保罗·弗莱雷（Paulo Freire），《政治与教育》（*Politics and Education*），1993年

在新的教育社会契约中，我们应该享受并拓展日益丰富的不同文化和社会空间中贯串终身的教育机会。

如今有许多人认为教育主要针对儿童和青年，目的是使他们为成年生活做好准备。许多公众讨论都认为“教育”与那些远离学生家庭和社会的专门机构是同义词。事实证明，专门的环境的确有助于保护集体教学所需要的时间和空间。学校教育已经成为人类体验的重要时空，具有自身鲜明的特点。优先考虑儿童和青年对于促进机会均等至关重要。

然而，如果公众讨论只限于正规机构，便不能涵盖社会作为一个整体所蕴含的丰富的教育可能性。本报告提出的教育社会契约的一项基本原则是每个人都要拥有终身接受教育的权利。这一原则承认，学习永远不会结束，教育也必须进一步拓展与丰富，延伸至所有时间和空间。这一原则对社会和我们的集体生活的各个层面——我们的社区、城市、村庄和乡镇，我们的民族精神和文化体系，以及我们的地区和国际社会——都有着深刻的影响。工作、护理、休闲、艺术追求、文化实践、体育运动、公民和社区生活、社会行动、基础设施、数字和媒体活动等数不胜数的活动，对于我们共同的未来来说，都是潜在的教育、教学机会和有意义的学习机会。新的教育社会契约必须看到所有时间和空间中对这种动态学习文化的需求及其价值。

我们的主要任务之一是拓宽思路，思考教育在何时何地发生。50年前的富尔报告提出了这一新的紧迫挑战，重新思考教育制度并提出“教育城市”的愿景。这里的“城市”以不同的方式被翻译成其他语言（例如在英文版中，“教育城市”被译作“学习型社会”），它隐喻了一个包含所有可能性和潜力——尤其当它们相互关联时——的空间。它基于这样一个理念，即我们需要全面地思考承载教育的空间和社会事业所蕴含的丰富性与多样性，并思考都有谁参与其中。

现存的教育模式普遍认为教育从5岁或6岁开始，大约10年后到达终点。如今这一范围已经扩大许多，经过许多努力，教育期扩展到了幼儿期，甚至有些人已经开始关注新生儿和婴儿时期，并延伸到了成人的终生。幼儿教育本身就该被视为一个重要的教育时机，尽管它依然经常被定义为学校教育的“学前”准备。对于成人时期的教育，我们通常会从“第二次机会”或工作场所技能再培训和职业技术教育培训的角度来看待它，成人教育已经成为世界上大多数国家教育政策和战略的核心，不过它仍然经常被视为学校教育的延伸。

我们想表达的是，以“学校教育形式”为基础的教育模式，最终往往会成为幼儿教育和成人教育的主流形式，从而减少了其他教育形式存在的可能性。事实上，人们长期以来一直反对这种把“学校教育形式”扩展到特定年龄和具有特殊特征的群体的做法，因此，我们必须为这些群体构建不同的教育过程和框架。

在幼儿教育中，这一传统早已确立，已经开始采取不同的教育策略，高度重视实验和儿童福祉，以及情感性、敏感性和关系性等维度。许多人甚至认为，从重新组织时间和空间的角度来看，学校改革应该从更加开放和灵活的幼儿教育模式中吸取经验。

至于成人教育，这一传统更为明显，几十年来，无数人提出了成人教育“去学校化”的建议，即采取尊重成年人自主性，尊重他们在正规学校框架之外的生活、工作和学习经验的教育模式和过程。这些是解放性的教育提案，它们反对非人性的、压迫的或殖民化的制度，要求成人通过他们与教育的关系被赋权。

但是，尽管存在这些反对的声音，“学校教育形式”已无可否认地扩展到幼儿教育和成人教育领域，在终身学习的趋势中占据了主导地位。为了思考面向2050年的教育，我们必须理解教育的所有空间、时间和形式的重要性。然而，这并不意味着我们要将世界变成一个巨大的教室。我们必须实现思想上的根本转变，即认识到，当今社会凭借文化、工作、社交媒体和数字技术，到处都是教育机会，我们需要从它们自身的角度来评判它们的价值，把它们打造成重要的教育机会。在未来的30年里，新的社会契约的一个核心方面，将是理解教育如何与生活相互交织。因此，我们在捍卫学校作为一个独特的教育时空的同时，也必须将视野拓展到生活中的所有时间和空间。

> 我们在捍卫学校作为一个独特的教育时空的同时，也必须将视野拓展到生活中的所有时间和空间。

本章首先讨论目前存在的众多教育场所和机会，主张我们应该努力确保它们的包容性和对新挑战的反应能力。接着讨论国家在保障受教育权方面所扮演的重要角色，并讨论政府对数字空间进行治理的必要性，从而确保技术能以服务于我们共同未来的方式支持我们重新构想教育。地球生态圈也是一个不容忽视的重要教育空间。本章最后就政府和民间机构共同关心的问题，提出了一系列面向2050年的对话与行动指导原则，包括强调具有包容性的成人教育的重要性，构想新的学习空间，加强资金筹措，扩大受教育权。

引导教育机会实现包容性和可持续性

为了更好地发挥作用，教育治理必须承认和重视教育机构、社会机构及时间关系的数量多、分布广、相互渗透且普遍存在的特性。然而，要确保不同的行为主体都致力于促进包容性和可持续性，就需要他们相互合作、承担责任，确保所有人都能获得正规或非正规的教育机会。

包容的伦理从包容性设计原则中汲取经验，我们需要用它来指导我们进行教育治理的集体工作。包容的起点必是那些典型的最边缘化的人群，和处于最脆弱、最不稳定的环境中的人。如果没有明确和包容的价值观，教育生态便可能滑向不健康和病态。权力、特权、剥削和压迫等问题会想方设法进入一切教育关系中。教育设计和制度常常导致失败和排斥，少数民族、原住民和其他边缘化群体可能遭受排挤，其表现不仅限于从正规教育中辍学。难民和残疾人接受的教育服务也可能十分糟糕。对教育体系更广泛的探讨明确强调了机构、行动者和空间之间的连锁反应和互联效应，使这些失败更难以被忽视。

政府与国家的角色

全球一致认为，教育是一项基本人权，国家和社会有责任确保所有儿童、青年和成人都享有这项权利。相应地，政府和国家在教育生态系统中扮演着重要角色，负有重大责任，因为它们必须承担起这个责任。

《世界人权宣言》第26条明确规定了受教育权，若干对各国具有法律约束力的条约又进一步阐述了受教育权，其中就包括1960年通过的《取缔教育歧视公约》和1966年通过的《经济、社会及文化权利国际公约》第13条。在后者中，缔约各国都承认，教育应使所有人有效地融入自由社会，促进各民族之间的了解、容忍和友谊。

根据现行国际法，缔约国有责任实行免费的初等义务教育。各种形式的中等教育应普遍地提供给所有人。高等教育应根据个人能力，平等地向所有人开放。国家在受教育权方面有三重义务：履行、尊重和保护。国家的**履行**的义务包括促进和提供的责任；**尊重**的义务则涉及防止受教育权受到损害；最后但同样重要的是，国家还有**保护**的义务，要阻止第三方干涉受教育权。

受教育权与其他人权密切相关。从这个意义上说，国家作为各项权利的保障者，有责任动员各部门，创造必要条件，落实并促进所有儿童和青年享有学习机会。这意味着其他基本权利也需要得到保证，例如饮水和卫生的权利，享有健康食品和营养的权利，获得社会保障的权利，生活在一个有益于身心健康的稳定、健康的家庭和社区环境里的权利，以及生活在没有任何形式的暴力的环境中的权利。

自21世纪初以来，联合国教育权利特别报告员一直将教育视为一种保障社会集体利益的公益服务。联合国人权理事会在其2005年和2015年的关于受教育权的决议中，也将教育视为一种公共利益。2015年，来自160多个国家的代表，在世界教育论坛上通过了《教育2030：仁川宣言和行动框架》。该文件重申教育是“一项基本人权，也是保障其他权利实现的基础”。它还重申“教育是一项公共利益，国家是其责任承担者”，并认为国家在制定和执行标准与规范方面是至关重要的。

政府在确保教育生态系统将教育视为公共利益方面扮演着重要角色。如上所述，我们需要一种全员参与的方法。世界各地所有教育者、学校、教育项目都应担负起将教育改造为共同利益的责任。此外，我们不能忘记，在世界各地的众多案例中，许许多多国家和非国家行为体共同确保了公立教育的公共性。

国家还有一项重大责任，那就是确保教育体系得到充分且公平的资助。

国家还有一项重大责任，那就是确保教育体系得到充分且公平的资助，从而满足其公民和该国所有其他居民的需求。国家必须通过税收政策筹集充足的公共资金，确保私人财富不会滞留在海外避税天堂，而是恰当地为公共利益做出贡献。各国政府必须公平有效地使用这些资金，从而实现人人享有受教育权。

国家在规范教育供给方面也发挥着关键性作用，它们必须确保一个特定的教育生态系统中的所有提供者都尊重人权，并提供安全、高质量的学习经验。

最后，各国必须确保教育能够响应其公民和生活在其境内的其他人的需求，特别是那些在历史上被排斥和被边缘化的人群的需求。教育体系的良好治理需要公民和其他利益相关者参与决策和对话，这意味着政府需要在所有级别的公共教育体系中加大透明度、强化问责制。

原住民则适用另外的补充条款。《联合国土著人民权利宣言》指出，除了有权获得国家保证的各级和各种形式的教育外，原住民还有权“建立和掌管他们的教育制度和机构，以自己的语言和适合其文化教学方法的方式提供教育”。

随着世界各地被迫迁徙的情况日益加剧——特别是由气候变化压力导致的人口流离失所——我们需要特别关注那些无法获得国家保护的难民。国际机构和越来越多的国际合作对于在这种情况下保障受教育权是不可或缺的，这种情况在未来只会变得更加普遍。

管理数字化学习空间

如果使用得当，技术可以给教育的公共性、包容性和共同目的带来帮助。数字技术背后存在多重逻辑，其中一些具有巨大的解放潜力，另一些则可能产生巨大的影响，带来巨大的风险。在这一点上，“数字革命”与过去的农业革命和工业革命等其他重大技术变革没有什么不同。在取得巨大的集体收益的同时，不平等和排斥也在不断增长，这一现象令人担忧。我们现在面临的挑战是如何驾驭这些复合效应，掌控它们未来的结果。

我们有必要保证，与教育及知识有关的数字技术方面的关键决策是在公共领域中做出的，以教育是一项共同利益这一原则为指导。这就意味着，必须摆脱对数字基础设施的私人控制，此外，随着数字领域的知识共享日益成为教育生态系统的一部分，我们也要抵御反民主倾向对其的占领和包围。

数字平台在过去几十年中为知识、教育和研究做出了一些贡献，但其产生的社会效益大多源自科技行业实际运行的、充斥大量广告的商业模式。例如，谷歌/字母表公司努力将触角延伸到我们的公共数字生活的各个领域，现已成为数字公共领域中一个重要的中间机构。谷歌的一些最重要的教育服务——如谷歌学术和谷歌教室——不会产生任何实际广告收入，而且需要投入大量成本，谷歌继续支持这些项目的前提，是认为其符合自身的利益。由此可见，教育日益依赖的数字基础设施，其自身地位非常不稳定。

鉴于谷歌曾经关闭过大量与之有着类似情况的服务，我们有理由对目前的安排表示担忧。许多大学设施在2020年和2021年因新冠肺炎疫情关闭，在这种情况下，即便是地球上最富裕、最有声望的大学里的学者，也只能依赖谷歌公司的内部决策，获取因谷歌学术等服务有利可图才提供的材料。谷歌学术上线多年来，几乎没有发生变化，也没有增加实质性的新功能，这表明它在谷歌公司整体议程上的优先级较低。这对我们是一种警示，让我们留意这种私人经营的学习基础设施的脆弱性，也让我们不禁发问，在未来的公共教育中，是否会出现更持久、更可靠的公共数字基础设施?

数字平台之所以能够保持对公众免费开放，在很大程度上依赖它们对用户数据的大规模、系统化的提取，这些数据本身就是一种利润丰厚的商品，以至于被比作“新型石油”。最初，收集这些数据的目的非常明确，就是用它来销售广告。随后，数字服务背后的平台发现，存储这些海量且不断扩大的用户数据，不仅有助于构建和改进商业服务及产品，还有助于平台通过人工智能和机器学习精心设计各种想法、意见和偏好。

这开启了一场全球最大公司之间争夺人工智能领域主导权的竞赛，正如它们都渴望在争夺市场占有率的斗争中取得胜利。结果，今天的数字经济以提取信息为首要目标，从电子书阅读器到互联网浏览器，再到智能手表，它允许传感器、算法和网络扩散到企业和私人以往不能涉足的生活领域。许多人认为，我们生活在一个时时处处被监控的时代，这会产生巨大的政治后果。它会给言论自由和人们的知识自主性带来可怕的影响。与监控相关的焦虑会使人们在无形当中进行自我审查，从而阻碍人们进行创造性的活动，这又会引发一个令人不安的次级问题，即阅读一本尖锐或危险的书，是否会对一个人的名誉产生严重影响，如今，这正是我们的网络行为的直接后果。

当监控和提取主义延伸到我们的教育生态系统中时，也会产生类似的影响和焦虑。日益常规化的监控——特别是如果教育使儿童从小就习惯于受监视的话——使我们步入了一条彻底侵蚀人类尊严观念、大规模破坏《世界人权宣言》规定的隐私权和言论自由权的轨道。

任何围绕数字平台在教育生态系统中的地位展开的对话，都需要重点关注对学生和教师的数据保护。在数字空间中，数据能被轻易地捕获、存储和监控，这有助于改进教与学，但我们也需要制定适当的规则和协议，以保护学生和教师的数据不被滥用。我们应该用公开透明这一伦理来指导数据政策，以匿名模式作为数据的默认设置，这样个人就不会受到伤害。

数字平台凭借其知识管理的算法模式，已经在众多领域走在了前列，其中就包括教育生态系统，原因之一是我们缺乏能够系统地组织和管理迅速增长的全球知识的可行公共方案。因此，即便是专家，现在也不得不依赖数字平台的中介服务，这使他们在发表专业见解的时候不得不受制于平台的管理算法。要想找到应对诸如“虚假新闻”，以及我们目前在许多地方看到的对科学和公共机构的信仰危机等问题的长期解决办法，我们需要更好地、集体地了解真相和专业知识，强化知识管理的民主化。

这些案例都凸显了教育领域的数字基础设施的脆弱性。虽然我们可以而且必须设计出更好的数字工具，但是，要将数字技术的颠覆性影响转向有益于教育作为共同利益的方向，最佳的策略是在一个健全的公共领域内，确保其实现民主化。许多数字社区和早期的互联网技术都是通过开放源代码和团队合作开发出来的。在可持续性、公正性和包容性指导的方向下继续发展教育数字技术，就需要政府的行动、民间组织的支持和广泛的公众奉献，将教育视为一个对可持续、公正、和平的未来进行公共投资的空间，而不是牟取暴利的场所。

> 要将数字技术的颠覆性影响转向有益于教育作为共同利益的方向，最佳的策略是在一个健全的公共领域内，确保其实现民主化。

与生命之星一同学习

我们必须扩大对学习场所的定义，使之超越以人为中心的空间和机构，将公园、城市街道、乡村小径、花园、荒野、农田、森林、沙漠、湖泊、湿地、海洋，以及所有其他并非由人类独享的地点纳入考虑。

人类是生命之星的一部分。许多长期存在的原住民文化，都以一种宽泛的立场来看待人类与非人类之间互利关系的形成。生态圈是一个重要的学习空间。如今，由原住民管理的土地是全球80%的物种生活的家园，这一事实本身就足以说明，对于关爱地球的教育，原住民的观点能够教会我们很多。

原住民基于当地水土的知识和教诲，以及非洲和亚洲许多地区的宇宙观，提出了这样一种关系：人类不仅可以了解非人类存在本身，还可以在自身与其关系中，将其作为教育者和导师，向其学习。在某些传统中，超越人类之外的世界的元素被认为是更古老、更睿智、更值得尊重的，人们认识到，这些传统包含了很多能教给我们的东西。

在西方教育传统中，对其中一些问题的讨论也有着悠久的历史。基于地点的、环境的、户外和体验式的教育领域，试图强调自然世界和环境的存在感，使其充当学习过程的共同参与者。尽管如此，这一做法往往将环境当作为学生学习提供的服务。在这些环境里，学生一般能学到他们本来学不到的东西。人与自然的关系在多数情况下不是互惠和相互依赖的，非人类的存在也不一定会被认为起到了具有能动性的教师的作用。环境和基于地点的教育近来逐渐摒弃了这一立场。我们从环境保护与恢复的角度，提出使教育“重新野化”这一比喻，在以新的方式构建教育这个方面，这一思想的前景十分广阔。

许多教学际遇产生于全球众多知识系统和宇宙观之间的对话，它们同样有望把教育和生命之星的关系重塑为共同演进、共同存在的关系。人类需要把自己理解为生态的人，而不仅仅是社会的人。把我们定位为自然的“看护者”和“保护者”的这一环境管理原则，依然在人类和他们所处的环境之间假定了一条分界线。我们对生态的想象需要我们把自身完全置于这颗生命之星当中。

人类引发的生态危机要求学习者进行反思，因为学习者处于面向共同目的的教育的核心。教育不能只针对一个理想化的世界主义学习者，即一个在相互联系的世界里感到自在自如的学习者，也就是在只关注人的发展的教育设想中所谓的“21世纪的学习者”。为了使教育支持公正和可持续的未来，我们必须提高星球意识。承担起与其他存在者共创世界这一责任的学习者必须被置于教育的中心。这一观点对几乎所有领域的教育实践都具有启示意义。特别是全球公民教育必须与这种星球意识相契合。

重新平衡我们与生命之星的关系，需要我们重新认识我们之间相互依存的关系，重新构想我们人类的地位与作用。千百年来，许多文明都认识到人类无法脱离地球上的其他东西。例如，盖丘亚族有“和谐生活”（Sumak Kawsay）的观念，它赋予大自然权利，描述了一种生态平衡的生活方式。恩戈尼班图人的“人性”（Ubuntu）哲学中的关系原则（“我在因我们同在”）和佛教中的“慈悲”都能为我们带来很多启发，而它们只是人类必须借鉴的众多文化资源中的几个例子。

其他社会仍在——时而痛苦地——处理着我们人类与地球相互依存的关系。作为地球的一部分，我们在2050年将如何秉持和谐、幸福和正义的原则生活？从全球角度来说，我们尚未找到答案。一种根植于生命完整性的教育，必定是我们共同解决问题的关键工具之一。

延长受教育年限

随着越来越多的人活得更久、更健康，教育与生活相联结的方式将会改变。当青年人和老年人的比例，劳动年龄人口比例，以及由谁承担、何时进行（带薪和无薪的）护理工作发生变化时，教育需求、优先事项和教育方式也会随之改变。事实上，这些问题阐明了我们的社会对何谓创造价值的基本假设。

人生不同阶段的教育和关怀

人们逐渐认识到，我们的福祉和经济安全不仅依靠正规经济。有偿的工作是其中一部分，但发生在家庭内部的照护工作也同样重要。这包括照顾儿童和老人，生产和制作食物，建造住所，以及在许多生态紧张的地区收集水资源。妇女和女童在支持家庭、社区、健康、粮食安全，甚至环境和生态系统健康方面承担着最重的负担，她们做出了巨大的、重要的贡献，却几乎得不到承认与支持。

在未来30年中，复杂的相互作用将以在各地之间截然不同的方式重塑所有这些“供应”活动之间的平衡。在某些地区，健康状况改善与劳动力短缺可能会为老年人创造机会和需求，延长他们的工作年限。在另一些地方，老年人护理工作所面临的挑战可能会增大，与过去30年中因越来越多的妇女进入劳动力市场而导致的儿童护理方面的突出挑战相类似。如果合作生活和扩大的家庭支持在全球更多地区变得更加重要，就可能出现新的家庭形式。所有这一切都意味着，人们建立形成长期牢固的关怀关系的能力，也是所有年龄段的学习者都面临的教育问题。

学会关怀，并使关怀成为与生活相联结的教育的一个特征，并不仅仅是锦上添花。展望2050年及以后，其中的逻辑十分清晰。我们必须优先考虑能支持我们日常准备食物——有时还要种植食物——的教育，以及帮助我们照料身体、维持家庭的教育。这是关于学习的更广阔视角，深刻理解教育与生活在不同的空间和时间中的联结，为我们指明了方向。

促进解放的成人学习与教育

近几十年来，终身学习原则已成为全球教育政策制定的核心。例如，可持续发展目标4呼吁我们“确保包容和公平的优质教育，让全民终身享有学习机会”。

成人学习和教育传统上具有强烈的解放性，这反映在它能释放个人潜力，对公民广泛参与社会活动具有重大意义。然而，近年来，由于人们过度关注终身学习的职业和技能层面，这一传统被削弱了。大体上，随着人们被要求跟上时代、掌握就业能力，成人——尤其是那些没能在早年充分接受教育的人——最重要的“权利”之一，对许多人来说却变成了“义务”。结果，掌握技能、再掌握新的技能，就成了无法打破的逻辑。

在今后的一代人看来，成人学习与教育一定会大不相同。随着我们的经济和社会的变化，成人教育需要得到扩展，使其远远超过以劳动力市场为目标的终身学习。更换职业和掌握新技能的机会，需要与各教育体系的注重创造多样、灵活的途径的更广泛的改革相联系。与各领域的教育一样，成人教育不是被动的或适应性的（无论其所要适应的是劳动力市场、技术还是环境的变化），它需要围绕真正具有变革性的学习，被重新定义。

成人教育需要得到扩展，使其远远超过以劳动力市场为目标的终身学习。

展望2050年及以后，成人教育可能发生一系列深刻的变化。有人预测，人类的寿命很快就会超过100岁。暂且不谈人类寿命的大幅延长，即使是现在，许多人都已经活得更长了，这一事实使我们有理由继续反思，我们应该在什么时候开展教育。在某些地区，四世同堂将以史无前例的方式得到实现。何谓成年，何谓成熟，这些文化观念都将遭受考验。生活习惯和我们与工作及休闲的关系也将被改变。人们已经普遍接受，在个人的职业生涯中，岗位和就业的性质有可能发生重大的转变。我们需要认识到，在人的一生中，其公民和政治生活也会发生变化，而且这种变化在未来会越来越普遍。本报告中呼吁的新的生态意识和重新构建的人文主义，是所有年龄段的学习者都需要面对的新教育问题的两个例子。随着21世纪的推进，教育政策需要把重点转移到整个人生，并给予成年人和老年人特别的关注。

成人教育第二个方面的变化，则涉及经常被排除在教育机会之外的弱势群体，要让他们参与并融入教育，这正是终身教育最好的传统之一。参与和包容与成人教育给人带来解放的愿景密切相关，其中包含着对非正式学习，即在正规教育环境以外的地方获得知识与能力的认可。成人教育政策要重视包容和参与的教育理念，把持续终身的非正式学习当作这一理念的一部分。

最后，我们要留意到这一情况，即越来越多的成人教育通过数字手段实现，因此，从事成人教育的人也需要努力找到应对此种情况的方法。年青一代从小就接触数字世界，而年长的一代也需要使用这些工具来继续发展和累积知识。成人教育应促进人们对数字媒体的广泛使用，大力支持开放获取和开源运动议程。加强科学素养和打击各种形式的错误信息是当前和未来一切成人教育战略的核心要素。

成人学习和教育扮演着多重角色。它帮助人们在一系列问题中找到出路，提高能力和主动性。它使人们有能力对自己的未来承担更多责任。此外，它还帮助成年人理解和批判不断变化的范式和权力关系，并采取行动以塑造一个公正和可持续的世界。我们应该把成人教育定义为面向未来的教育，以及任何时刻都能发生的、与生活密切联结的教育。成年人不仅要对他们生活的世界负责，还要对未来的世界负责。成年人不应把自己对未来应尽的责任简单地移交给下一代。我们需要一种能体现代际团结的共同伦理。

扩大受教育权

考虑到我们所面临的严峻挑战，教育工作者、政府和民间机构落实好上述建议，做好跨时代、跨空间的教育治理工作变得越来越紧迫。本报告提出的不是一个乌托邦式的模型，而是人类物种的具体生存策略。我们必须要求教育让我们重新认识生活的深层意义和乐趣，学习则是其中的一个基本组成部分。

本报告肯定了在生命的完整性中思考教育的必要性。无论教育多么重要，学校和大学等机构内的教育都不应该被视为教育的唯一形式。最好的教育是一个集体过程，它认可同龄人之间及跨世代、跨文化群体学习的重大价值。这一社会维度强调学习者应学会关心彼此、关心我们的社群和地球。这些集体过程和社会维度都要存在，但不仅存在于学校和大学之中。

展望2050年，受教育权不再受到有关教育应在何时何地发生的传统观念的限制，这一理念将变得越来越重要。受教育权需要更明确地适用于所有人，而不仅仅是儿童和青年。还需要更明确地强调教育可以发生在众多场所，而不是局限于教室和学校。

在新冠肺炎疫情导致学校关闭的那段时间里，对广播和电视的有效运用帮助了学生继续接受教育，这提醒我们此类媒体对教育、文化和常识，尤其对那些缺乏网络材料和智能设备的学生来说有多么重要。新冠肺炎疫情危机也揭示了数字连接和在线平台的重大意义，甚至使得我们需要开始以10年前都完全想象不到的方式思考：获取信息作为一项基本权利，与受教育权有着怎样的关联。

受教育权以信息权和文化权为支撑，也反过来支撑它们。只有当人们有能力寻求、接受和传递信息与思想时，意见和表达的自由才能得到充分的保护。在我们媒体发达的当代世界里，到处充斥着虚假、具有误导性的新闻，教育的重要作用在于支持人们追求准确的信息，使他们忠实地、不受操纵地传递信息的意愿得以实现。教育让人们获取文化资源，使其塑造自我认知、扩展世界观，从而支持人们参与文化生活的权利。反过来，教育也能提升人们的能力，使之进一步对文化资源做出贡献。文化之间的开放和横向对话是支持文化多元的关键。教育应把对话当作促进文化多元的众多助力之一。

教育让人们获取文化资源，使其塑造自我认知、扩展世界观，从而支持人们参与文化生活的权利。

在不同的时间与空间中，拓宽对受教育权的认识，这一做法加强了教育作为一项共同事业，即由我们创造、治理和实施的事业的地位。教育作为一项共同利益——一种由我们一起实现和选择的共同福祉——应该与我们的日常生活紧密相连。儿童和成人都不应该以顾客或观众的身份，而应以行动者的身份接受教育。当我们处于人生中的不同阶段、生活中的不同领域时，我们都在教育中扮演着不同的角色，都是教育的一部分。教育提高了每个人在各自生活中思考、认识、感受和行动的能力，也巩固了我们共同的事业，每个人都有权成为教育的一部分。

对话与行动的原则

本章建议，在新的教育社会契约中，我们应该享有并扩大贯串一生的、在不同文化和社会空间中发生的教育机会。在我们展望2050年时，有四项原则可以指导落实这项建议所需要的对话与行动。

- **在人生中的任何时候，人们都应该能获得有意义、高质量的教育机会。**学习应该是贯串一生且涉及生活方方面面的，成人教育也应该得到重视和承认。我们应该采取包容性设计原则，在开始任何规划之前，都先把重点放在对最边缘化、最脆弱群体的服务上。
- **健康的教育生态系统是把自然、人为建造和虚拟的学习场所联系起来。**我们应该更好地把生态圈视为学习场所。数字学习空间现在已经成为教育生态系统的组成部分，应该得到充分的发展，从而为公共、包容和共同的教育目的提供支持。我们应该优先考虑开放获取和开源平台，并且大力保护学生和教师的数据隐私。
- **政府应大力加强自身对教育的公共融资能力和监管力度。**我们应建设国家能力，使之能够制定和执行具有响应性、公平性和维护人权的教育标准与规范。
- **受教育权应该扩大。**仅仅围绕学校教育来界定受教育权，已经不足以满足需求。世界各地的每个人都应该享有终身学习的权利。我们应把信息权和文化权视为受教育权的必要组成部分。网络连通权也必须被吸收进来。

在制定新的教育社会契约时，我们应遵循这四项指导原则。在地方、国家、区域和全球各层面，努力围绕这些原则，开展对话，采取行动，为一起重新构想我们的未来提供支持。

第三部分

推动形成新的教育社会契约

随着人类开始直面威胁人类生存和生命之星的多重危机，我们必须做出彻底的改变。我们必须从社会、认识、经济和环境正义等原则中得到启发，尽快共建一项新的教育社会契约，从而促进变革未来。新的教育社会契约，必然包含加强教育的新方法，使其成为一项公共事业和共同利益，并且保护知识共享。它承认，要履行过去未履行的承诺，释放教育变革未来的潜力，各国政府和非国家合作伙伴需要共同努力。大学和其他合作伙伴将在研究和创新方面发挥关键性作用，为把教育改造为全社会的共同利益和共同构建新的教育社会契约提供支持。当我们展望2050年时，重塑区域和国际教育发展组织的作用，形成我们需要的国际合作与团结，这一点同样至关重要。然而，归根结底，除了国际和地区层面，将教育作为公共利益加以治理并推动形成新的教育社会契约的关键，还在于因地制宜地继续推动世界各地多样化人群之间广泛的社会对话。本报告邀请大家来继续开展这一对话。

第 8 章

呼吁研究和创新

在所有群体性措施中，过程，即方法论和研究方法，是十分重要的。在许多项目中，过程远比结果更重要。人们期望其过程是尊重人的，是为人赋能的，是治愈人和教育人的，期望这样的过程能引领人们在实现独立自决的道路上向前迈出一小步。

——林达·图希韦·史密斯（**Linda Tuhiwai Smith**），《去殖民化的方法》（*Decolonizing Methodologies*），1999年

为了促成一项新的教育社会契约，委员会呼吁制定一项以终身受教育权为基础的全球合作研究议程，并欢迎基层组织、教育工作者、机构、部门和不同文化群体群策群力。

要推进前几章所描述的主张，需要我们在前所未有的广泛背景和环境中，进行教育方面的努力、实验、探究和创新。本章呼吁全社会为了我们一起构想的未来，就教育进行协作研究和创新。正如教育本身，研究和创新也是公共利益与进程，在促进新的教育社会契约方面发挥着关键作用。

关于教育未来的研究议程从学习者和教师开始。从许多方面来说，未来教育的要素至少已经以某种雏形存在于我们之间。任何教育体系的新起点都是找出那些亮点，那些已经体现出本报告所阐述的原则的积极案例。研究和分析这些案例产生的影响，以及使它们成为可能的条件，为本报告中的思想提供了依据。我们会看到，许许多多的社群正在寻找方法，将他们的想法转化为可行的战略，并提出了各种不同实践方式的具体细节。教育长久以来广泛利用各种研究资料、方法和范式。从从业者与社会对话，到大学和研究伙伴关系，再到包括联合国教科文组织的论坛在内的国家和国际论坛，这些工具需要在各个层面上得到加强。

本章强调研究和创新如何使我们一**起**进行系统性学习——一起反思，一起尝试，一起对社会产生影响，并通过这种做法，一起重新构想我们的未来。从这个角度来看，研究和创新必须通过赋予我们想象的权利，增进对于未来如何影响我们在教育中所见所为的理解，来增强我们的前瞻能力和未来素养。一种协作、谦逊和前瞻的伦理贯穿于我们教育研究议程的各个方面。

研究和创新必须增强我们的前瞻能力和未来素养。

本章呼吁教育领域的所有参与者为推进本报告主张的知识和研究做出贡献。此外，本章还特别向大学、研究机构和国际组织发出呼吁，为围绕这些主题所进行的学习和发表的见解提供支持，将其系统化。为了发扬新的教育社会契约的理念，我们需要在国际层面用能使这些理念得到贯彻执行的工具来武装我们自己。本章最后就教育领域中所有参与者都关心的问题，提出了面向2050年的对话与行动指导原则，其中包括呼吁人们制定一项基于不同的角度、内容和地点，具有包容性的全球研究议程。

教育研究新议程

本报告提出了一系列观察结果、原则和主张，委员会认为我们应该以此为指引，制定一项关于教育未来的新研究议程。这一研究议程范围很广，涉及多个方面，是一个面向未来、着眼全球的有关我们共同未来的学习过程。该议程吸取了多种知识形式和多样化的角度，并借鉴了一个概念框架——把不同来源的见解看作互补的，而不是排斥和相互对立的。

本报告所强调的各个优先事项相辅相成，从而得到协调一致的共同研究议程。正如第1章所强调的，这一研究议程必须围绕着受教育权，向一切阻碍公平优质的全民教育的因素发起挑战。研究还必须追踪第2章所描述的变量——我们不断变化的气候和环境、加速的技术变革、加剧的国家分裂，以及工作和生计的不确定性——在未来的关键年岁里将如何与教育相互作用。研究也必须超越单纯的测量和批判，按照本报告第二部分所述的运作原则——基于团结合作的教学法、课程与知识共享的关系、对教师的赋权、对学校的重新构想，以及学习与生活中的所有时间和空间的联结——探索教育革新。从这样一个意义深远的研究议程中产生的学习、见解和经验，将促进我们一起建立新的教育社会契约。

教育内部的研究

20世纪初以来，教育研究逐渐积累了悠久而丰厚的传承，相关的作品、流派和观点众多，形成了影响深远的思想和行动谱系。教育研究使我们可以更好地了解学校、课堂和许多教育场所中发生的事情，它还为我们提供了对于人、社群和整个社会发生的变革的见解。

实务工作者研究、行动研究、历史档案研究、案例研究、民族志等众多研究方法被证明在该领域内富有成效。由此，我们应当不仅把教育当作其他实验与研究的应用领域，而且把它作为一个对其本身进行探究和分析的领域。

确立学校作为知识产生地和教师作为知识拥有者的地位，在很大程度上取决于大学、组织和研究者怎样与教育工作者互动与协作，如何利用他们丰富的见解、反思和经验。大学在促进教育研究方面发挥着举足轻重的作用，因为它们既善于推进学科知识的发展，又长于跨学科的研究。教师将始终是教育专业知识的主要创造者，因为这些知识就源自他们对经验的共同反思，在这方面，我们应当支持他们发表自己的研究和反思。学生也是关于他们自身的教育经验、抱负、成就与反思的知识和理解的重要来源。

学生也是关于他们自身的教育经验、抱负、成就与反思的知识和理解的重要来源。

大学和研究人员可以通过经常与学校、教师和学生进行对话来提供支持。我们可以借鉴的传统方法有很多，它们都能将教育领域内外的研究进一步系统化，这其中包括参与式评价法、合作研究法、青年研究法和实务工作者调查法。教育研究将是筹划和监控建立新的教育社会契约所必需的重大变革的关键工具。

运用学习科学

近几十年来，教育领域最独特的科学进步之一，是通过神经科学和研究脑与学习的关系实现的。这其中包括更深入地了解人类发展各个阶段的神经可塑性，脑和人类神经的解剖构造、结构和功能，记忆、信息加工、语言发展和复杂思维能力，以及诸如睡眠、身体锻炼、情绪、压力和虐待等刺激对学习产生的积极或消极的影响。学习的认知加工本身也非常重要，它可以帮助我们理解一些特殊的技能，比如言语、阅读、写作、空间意识等等。

尽管科学家们才刚刚开始真正理解这一领域以及如何将其应用于教育，但它已经对教与学产生了广泛的影响，应该让教师、研究人员和学习者尽可能多地了解其中的洞见。例如，科学家能够在控制条件的实验环境中，观察到行为和脑活动之间稳定的规律和相关性，但目前还不清楚这些规律如何迁移到复杂的社会学习环境中，以及它们在不同人群、民族、时间和空间之间有什么差别。

未来的学习科学必须吸收更多来自不同背景，如不同的性别、文化、社会经济背景、语言背景、年龄等等的研究人员，从而确保更广泛的研究问题、前提、假设和重点都能被公平地呈现。神经多样性、学习差异、残疾研究和特殊教育也可以从学习科学的重大进步中受益。

尽管学习科学为我们提供了重要的、关键性的洞见，但它们并不能囊括整个教育领域。认知不是我们学习的唯一方式，社会性知识、具身化知识、情绪智力等等虽然与神经科学所能解释的东西相互作用，但并不是由神经科学单独定义的。

正如前文关于教学法和课程的章节所强调的那样，教育的复杂性源于这样一个事实，即它与世界的方方面面，包括社会、经济、环境、物质和精神层面，都密不可分。将思想与物质分离是相当危险的，会导致人们在思考教育的时候，产生与许多学习者无甚关联的想法。为了推进本报告所述之重点工作，学习的神经科学需要更多地将其发现与教育中多样且复杂的方面联系起来，从而实现优质教育所能产生的认知和社会效益。

改变教育研究伙伴关系

跨学科、跨部门、跨文化，并且跨越学术、民间和教育环境，促进共同交流和相互学习的研究伙伴关系，为推进本报告提出的重点工作及建议提供了巨大的潜力。

并非所有研究伙伴关系都是公平和公正的，拥有更多资源或更大权利的机构即使无意，也会对伙伴关系的方针和结果产生不良影响。我们需要用谦逊来挑战教育领域内外的假设，这些假设中的许多都深深根植于我们对人类、社会以及并非由人类独享的世界本质的看法当中。我们的运作范式，需要从对知识的简单分门别类，例如“北方或南方”“西方或非西方”，转向复杂的、关联性的知识生态系统。

对于一项新的教育社会契约来说，这种教育生态系统需要我们通过多种多样的经验和认识方式来丰富，而不是被排斥、缺陷式思维和狭隘的认知假设所消耗殆尽。教育是一个发生于学生、教师、家庭和社群之间的关系性过程，因此我们应该寻求关联性的，而不是等级性的知识。这可以增强国家和地方的研究能力，也可以增强人们根据不同的环境、文化和语言，以特定的方式生产和表达知识的能力。

此外，基层群体的发声是知识和洞见的重要来源，教育需要更多地听取、借鉴和促进这些声音，因为在塑造着我们的未来的干扰与变化里，他们身处最前沿。抵制对地球的破坏，拒绝一切形式的偏见和歧视的运动，提供了我们一起重新构想未来的一部分实例。教育与这些群体和运动的协作也许并不总是正规化或制度化的，但我们依然要共同研究教育在其中起到的作用，以及教育与这些运动的关系，这十分重要。

扩展知识、数据和证据

为教育的未来组织一项新的研究议程，需要借鉴并生产定量的和定性的、规范的和描述性的、可数字化的和转瞬即逝的、理论的和实践的等多种多样的知识、数据和证据。

我们要想理解目前的状况，构想教育未来的可能性，就需要引导和拓展知识。然而，从历史上看，只有某些形式和来源的知识得到了我们的重视，其他的一概被排除在外。一般知识和教育领域的知识都与权力关系密切。为了在教育领域找到包容与参与的新模式，我们必须把支配人类和星球的权力模式替换成与人交往的权力模式。作为在接下来的几十年中推动教育未来的研究议程，我们需要不断地重新思考教育领域的知识、数据和证据的本质。

强化知识的复杂生态系统

为了构想出一个超越现在的更多样化的未来，研究和创新就不能排斥不同人口、文化和传统在阅读和理解世界时采用的不同方式。事实上，本报告中提出的教学法、知识、参与、协作和团结的指导原则，在许多种文化的世界观和视野中已有丰厚的知识传统。知识的非殖民化，需要我们更多地认识到各种知识来源的有效性和适用性，从而满足当前和未来的迫切需求。它要求我们转变固有思维，不再把原住民的认识论当作研究对象，而将其当作理解和认识世界的可行方法。

在许多领域，从发展到经济，再到教育，特定类型的知识的地位往往会高于其他知识。通常来说，人们会假设本地产生的知识缺位或有缺陷，因而把发达世界的知识迁移到发展中地区。然而，这些强加于当地的“解决方案”要么不能对可持续发展做出贡献，要么以牺牲弱势群体和长期环境福祉为代价，让少数人获益。

> 原住民和多元化的认知方式，对发展模式和发展实践所依据的假设发起了挑战。

我们不应把重视和承认认知的多种方式，等同于信奉极端的相对主义或放弃追寻真理。绝非如此。原住民和多元化的认知方式，对不能充分解决实际问题的发展模式和发展实践所依据的假设发起了挑战。例如，在包括教育理念在内的许多西方思想传统中，人们习惯用二分法的方式来思考问题：理论与实践、个人与集体、艺术与科学、人与自然、进步与保守、认识与感受、智识与身体、精神与物质、现代与传统等等。而许多非西方观点则有一个不可或缺的贡献，那就是它们挑战了这一两极对立的前提，揭示了两极之间的相互关系和生成张力，那是一个复杂的、相互关联的世界中的连贯部分。

例如，在危机时期，当地社区往往能为了适应紧急情况，将大量的经验、知识和创造力用于调整教育模式、缓解教育压力。挂一漏万地说，人们长期积累的关于可持续农耕过程、社会互惠和与自然世界共处的方式的传统知识，都是知识积累的重要来源，人类比以往任何时候都更需要它们。然而，此类知识的各个方面都完全未能得到承认、认可，并且在正规教育中被忽略了。

研究教育的未来，要求我们更新、包容不同类型和来源的知识，用它们来推进本报告提出的关键性的重点工作。正如前几章所提到的，这取决于我们基于公正和公平原则，动态参与知识共享。我们想要为了教育的未来，成功地进行教育生产，就必须有意识地具有包容性、社会和文化多样性、跨学科和跨专业性，还要促进交流、协作、主人翁意识和相互学习。

统计数据、指标及分析

统计数据的力量在于及时地提供一个特定指标的简况，当它与其他数据相关联时，还可以提供有关不同时间和地点之间相关性、变化和条件的宝贵见解。它们可以说明某些指标在一段时间内发展的方向，还可以根据不同的情景、选择、事件或干预措施，预测一系列可能产生的结果。

联合国教科文组织统计研究所在收集并公布一系列教育指标的统计数据方面发挥着重要作用。统计研究所给出的方法，是一种在国家、地区和全球各个层面收集与证实统计数据的能力建设。按照性别、地点、收入水平和其他特征增加分组，有助于我们深入了解公平和平等问题。统计研究所的工作是不断对定义进行完善，同时也要保证统计的真实性，以便得出有意义的分析，这些工作对于改进和确保统计的质量和实用性至关重要。对统计研究所工作的长期支持，对于提供关于我们最关键的教育指标的重要信息，以及确保这些数据面向所有人开放，是至关重要的。

与此同时，在未来几十年里，涉及统计数据和定量数据的各种方法必须严格避免简化论。数据分组对于分析无疑是有效的，但它不应被看作一成不变的。现实中的分类永远比量化后所能解释的更加微妙、复杂和模糊。收集和证实统计数据，尤其是大规模的统计数据，也可能是劳动密集型且费用高昂的工作。在可能的情况下，数据收集工作需要巩固和强化现有的国家数据来源，以避免强行整合平行数据集的高要求和高成本。

同样，我们需要认真思考，识别出既符合当地教育重点工作又符合国际目标的有意义的指标。我们在采取这些方法的时候需要认识到，并非所有东西都值得测量，也不是教育领域里一切有意义的东西都能被量化。因此，人们在收集和使用统计数据时保有一种谦逊的态度是一切的起点和关键，在此基础上，对产生的见解进行进一步探究和探索，从而推进教育目标和重点工作。联合国教科文组织各部门及其他研究机构、研究人员所做的周到工作，赋予教育统计数据以活力，可以在可能的情况下做出预测，同时也能阐明统计数据的意义，或对其解释力提出质疑。

大数据与不断变化的知识本质

技术进步催生了关于什么是知识、如何生产知识的新假设。我们目前的技术已经促成了人们这样的期待，即信息及由此产生的知识和理解，将是巨大的（来自众多数据点，而不是单一的经验）、可搜索的（便于检索和查找）、可存储的（能够存档）、可传输的（无缝共享）、个性化的（针对个人消费进行优化）。这些特征中的每一项都值得我们仔细考察，因为它们构建和塑造了关于教育的观念，包括教育的目的和过程，从而开启了一些可能性，也消除了另一些可能性。

数字工具的普及赋予了研究人员前所未有的能力，使他们能够组织、综合和加工比以往任何时候都多的教育数据集。数字化方法、工具、数据收集和存储，以及数据加工算法的力量，激发了人们极大的热情，促使他们研究如何利用它们来进一步理解、实践教育方法，提升这些方法的有效性。统计数据加工和图表绘制、地理制图、网络制图、模式搜索和关键词跟踪也是研究人员可以利用的工具。对我们教育生活中日益数字化的方面进行研究也大有可为。

如今，大学讲堂、政府机关和企业高层都在歌颂“大数据”。这一习惯会产生两种影响。其一，人们会假设，如果没有大量的数据点，或大量档案、微观行为、键盘敲击、眼球或电子信号的聚合，就无法识别任何模式。而且，根据数据分析的一种逻辑，没有模式就没有意义。其二，人们更倾向于将数据，尤其是适合数字技术的可量化数据，视为最重要的知识形式。我们现在已经见证了数据科学作为一个专业技术领域的诞生，并且它与许多领域一样，在塑造教育中的引人入胜的叙事和解释方面有着巨大的影响力。

与使用任何工具一样，研究人员必须弄清楚通过数字研究工具可以实现什么、不能实现什么。得到更多的数据未必就更好或更精确，这取决于探究的目的。我们的立场是要以目的为中心，而不是以工具为中心，来确立研究议程和文化。计算机获得的洞见往往不同于人类所能获得的。有时候，软件可以揭示令人惊讶和大受启发的发现，因为与人类用模拟方法相比，它们能实现更大规模和更快速度的数据处理。而在另外一些时候，人类则可以运用对于人工智能来说太过复杂的思维来理解上下文、含义、价值观和暗示。

在研究人员挖掘大数据和数字工具在教育领域的巨大潜力的同时，我们必须抵制因为数字分析软件呈现的假定的客观性而沉迷其中。尤其要注意的是，我们需要从公正和公平的角度不断评估我们采用的数字研究方法的偏见和盲点，去尝试解释超出其编程范围的内容。如果目前的错误趋势继续下去，那么到2050年，我们将面临巨大的危险，即许多知识将被重塑为定量的、适应算法的、碎片式的、易于存储的、可快速共享的、只能通过数字设备进行访问的形式。人工智能的爆炸式发展会设法使这些属性能够自我维持、独立自主，并脱离人类的管理，这应当引起我们的重视。在未来的30年中，我们要警惕此类野心的伦理风险。

创新教育的未来

教育领域的创新反映着尝试、分享、拓展和激励他人的能力。从给单个学生或整个班级上课的教师，到全校或全国采取的方法，创新在每个场所、各种规模层面都是可能的。创新往往是大量协作，并且从其他教育者、决策者、研究人员和学校取得的经验和成功中获得启发的结果。

制定、借鉴和调整政策与规划

通过分享实践和政策，将教育经验和创新推广到新的环境中，这一做法至关重要。取长补短的冲动能够拓宽我们的视野，让我们审视那些习以为常的特征和假设，从而“使熟悉的事物变得陌生”。调整和借鉴本身应该被视为学习和创新的过程。我们都可以根据本报告所确立的规范性原则，从其他地方的经验中汲取灵感，因地制宜地运用当地条件、经验和现有知识。

教育体系中的行动者也是创新方法和见解的重要来源。完全来自领域“外部”的创新必然是受限的，由其产生的见解和解决方案甚至是扭曲的。教育知识是通过一系列途径来生产和合理化的。其中的核心行动者——教师、学生、校长、学校等——都是研究和创新的参与者。只有亲自使用课程的人，才能对课程开发和改革做出最大贡献，因为他们深入参与了知识共享。政府在这方面也扮演着重要的角色，它们能为教师和学校参与公共教育体系和进程的对话与改进提供充分的支持。

规模的问题经常在研究和创新的过程中被提及。前景广阔的经验十分有用，我们应该将其分享。然而，所谓“最佳实践”本身往往更关注结果，而不是引出这种结果的详细过程或条件。增加教师、学校、读写专家、决策者等各方之间联系产生的合作网络和学习共同体，有助于支持对来自不同背景的课程、规划和政策见解开展实时研究和应用。谦逊的伦理可以帮助我们防范不顾史实和脱离情境的假设，任何教育创新都依赖这一点。

我们呼吁大学、研究机构及其合作伙伴对研究和创新予以特别的关注，支持将教育当作共同利益的改革，为共同构建新的教育社会契约提供帮助。然而，它们只有在与已经在教育领域里工作、思考和反思的人——教师、学生、学校、家庭和社群——建立关系并进行对话后，才能变得最高效。如前几章所述，这将需要大学更新其公共使命，建立一个开放、可获取的知识共享空间，也需要对新一代的研究人员和专业人员进行教育，使他们担负起为自身和人类的利益而不断将知识向前推进的责任。

> 我们呼吁大学、研究机构及其合作伙伴对研究和创新予以特别的关注，支持将教育当作共同利益的改革。

国际组织在推动教育研究和创新以构建新的教育社会契约方面，也可以发挥独特和强大的作用。在本报告之后，我们向联合国教科文组织发出邀请，成立一个经验交流中心，以便相关各方相互对话，以各自的方式实现本报告中提出的建议。目前世界快速变化，新知识不断涌现，这就要求本报告具有动态性，能够与时俱进。

评价、实验和排名

评价和反思是教育项目和政策生命周期的必要组成部分。评价有助于确保激发项目或政策设计的目标都能在行动中被实现。人们能够理解和描述项目和政策带来的结果，而且重要的是，人们必须对有意为之和计划之外的所有结果承担责任。例如，如果一项方案或政策放弃了增进整体的平等，为某些人带来了明显的好处，或者牺牲了长期的效力，只激发了短期的绩效，那么我们必须尽快对制定此种干预政策的前提假设提出质疑。

按照本报告提出的协作伦理，评价要发挥教育体系中教师、学生和学校的反思能力，不仅用来识别一项创新的挑战、弱点或优势，还应为我们如何改变、改进或拒绝这一创新提出有意义的可行方案。重要的是，我们需要一个明确的分析框架，来确保一项创新的设计、评价和提议的目的都能达成一致。

测验、实验和随机对照试验有助于验证假设、调整技术、纠正计算错误、了解推广性的边界。然而，从复杂系统中提取变量的能力，要求缜密的思考和复杂的设计。我们在为建立新的教育社会契约而推进协作精神之时，最重要的是牢记我们不用人来做实验的伦理原则。所有人——学生、教师和家庭——都应被视为其自身教育和发展的研究全程参与者。教育经验已经使人们感受到了干预或变化的广泛程度，采用“自然”实验来理解它们产生的影响，也能使人们对未来的几年产生洞见，尤其是考虑到已露端倪的重大变化和干扰。此类分析可以为我们理解教育的复原力和对变化的应对能力提供极具前瞻性的知识。

为了给反思、改进或启示提供更有利的视角，或为了凸显值得深入探究、关注或支持的重点领域，我们还可以进行一些务实的比较。不过在很多时候，比较和排名都会服务于惩罚性的目的，从而导致那些最需要资金支持的地区和亟须入学的家庭反而难以获得支持。当比较这一行为抹去了经验的差别，让人们忽视背景、资源和历史因素的多样性，而产生同等的期望时，比较就几乎起不到任何作用了。

重新思考在高等教育中进行比较排名的方式也很重要。如果不强化统一的标准，便很难在诚信、道德的前提下进行比较。存在巨大差异的高等教育机构在截然不同的环境下运作，当它们不考虑自身独特环境，而被迫竞逐国际排名时，比较便暴露了重重问题。资源充足的研究型大学的精英模式会对其他高等教育机构的抱负产生压倒性的影响，使它们愿意为此忽略地方性联结和当地学生及其社区的需求。

然而，高等教育机构本身不是排名和竞争驱动的机构同质化的唯一罪魁祸首。各国政府和全球政策共同体也不应如此短视地只关注高等教育体系内的研究密集型的方面。我们需要更多地关注全球大多数人参与的大多数机构。学校如何为学生的学习、职业前途和社群服务；机构能为公民交流和参与政治提供多大的支持；机构在促进环境、经济和社会正义方面做得如何——这些可以进行比较的方面常常被人忽略，却具有巨大的价值，所有人都可以从中学习。高等教育领域内的评价不能局限于竞争性的排名，而应设法提高所有高等教育机构的教学和研究能力，从而使其履行公共使命。

对话与行动的原则

展望2050年，对于有关教育未来的研究与创新，我们有四项需要重视的指导原则。

- **委员会提倡就教育的未来制定一个普遍的、全球性的集体研究议程。**这个研究项目必须以人人享有受教育权为中心，它需要对未来的干扰和变化进行探讨，并且必须促进对本报告第二部分提出的原则的理解和经验。根据本报告的精神，该研究项目需要根据未来素养和未来思维重新确定其工作重点。
- **有关教育未来的知识、数据和证据应产生于不同的来源和认识方式。**来自不同视角的见解，可以为人们对教育的共同理解提供不同的有利角度，而非相互排斥、非此即彼的单一角度。
- **教育创新必须反映不同环境和地点的更广泛的可能性。**比较和经验可以相互启发，但都必须对特定环境的独特社会和历史现实做出适当的应对。
- **为构建新的教育社会契约，我们必须重塑研究，让每个人都参与进来。**种子已经播下，特别是在教师、学生和学校中。参与并支持促进一起构建新的教育社会契约的研究议程，这是研究机构、政府和国际组织要担负的特殊责任。

第 9 章

呼吁全球团结和国际合作

一项新的社会契约将使年轻人能够有尊严地生活；将确保女人和男人拥有相同的前程和机会；将保护病人、弱势群体和各种少数群体……。在一代人的时间里，中等收入国家和低收入国家的所有儿童应该都能获得各级优质教育。这是可能的。只要我们决定去做……。为了缩小各种差距，使新的社会契约成为可能，我们需要一项新的全球协议，来确保权力、财富和机会都能在国际层面上得到更广泛和公平的分享。

—— 安东尼奥 · 古特雷斯（António Guterres），联合国秘书长，纳尔逊 · 曼德拉国际日致辞，2020年7月18日

为了促成一项新的教育社会契约，委员会呼吁一项新的承诺，即为了支持教育作为一项共同利益而开展全球协作，其前提是国家和非国家行为体在地方、国家和国际各层面开展更加公平公正的合作。

教育作为共同利益的原则与全球责任密不可分。在2020年和2021年，我们看到了全球科学界史无前例地动员起来，在政府、公共和私人实体以及民间组织的支持下，合作开发新冠疫苗。然而，全球科学合作以应对人类岌岌可危的未来这一杰出实例，却在一个更加艰巨的挑战面前黯然失色，那便是怎样确保这些疫苗能在全球被公平地分配。尽管人们普遍意识到，只有所有人都安全了，自己才是安全的，但疫苗民族主义凸显了我们在为全球共同利益而同心协力的能力方面依然存在巨大差距。

> 疫苗民族主义凸显了我们在同心协力的能力方面依然存在巨大差距。

教育既能够培养人类的聪明才智，也能够培养我们集体行动的潜力，这两点是我们应对这个时代的主要挑战的必要条件。因此，今天比人类历史上任何时候都更需要我们建设一个富足、公正、可持续与和平的世界，这就要求所有人不分出身、文化和条件，都要终身接受优质教育。我们还要用平等获取知识和信息来对正规教育和学习进行补充，即任何人在任何地方都可以用数字手段获取知识和信息。正如任何人的健康都与所有人的健康息息相关，我们的未来生存也有赖于满足全世界每个儿童、青年和成人的教育需求，使他们能够自觉、积极地参与到对我们共同的未来的塑造和管理中来。

我们必须以教育是共同利益的意识为基础，加强教育领域的国际合作，以及国内和国际的教育公共融资。正如联合国秘书长安东尼奥·古特雷斯最近指出的那样，确保所有儿童和青年都能获得优质教育是建立更公正和可持续的全球秩序的重要支柱。尊重、保护和实现受教育权不仅是每个国家的义务，也是国际社会的义务。

应对日益不稳定的世界秩序

国际教育合作正在一个日益不稳定的世界秩序中运作，以共同价值为基础的全球社会概念已受到严重的侵蚀。像联合国这样负责制定共同目标、组织全球集体行动的全球论坛，正面临着严厉的批评和财政掣肘。

非国家行为体和民间组织是20世纪负责促进国内和国际人权发展的联络者和规范倡导者，它们努力在日益分裂的世界秩序中建立持久的联盟。由于它们的工作合同由国际性的资助维持，因此在新冠肺炎疫情后，它们的回旋余地也将受到经济现实的影响。与此同时，秉持狭隘之见的非国家行为体开始凭借自身实力成为规范的倡导者和教育者，更有能力利用数字技术和信息流，违反联合国《世界人权宣言》中所载明的，在近期的可持续发展目标中又进一步明确的价值观。

过去半个世纪中发生的经济变革和政治上的变化一样深刻。技术和科学的进步，连同经济全球化，切实地促进了繁荣，在全球范围内减少了家庭贫困，增加了人们受教育的机会。但经济成就不再因创造越来越“平”、越来越开放的世界而受到赞赏。经济增长给富人带来巨大财富。技术发展伴随着新的经济和信息垄断形式，威胁着民主的根基。尽管长期以来人们一直相信经济增长与民主之间是相辅相成的关系，但在最近几十年的经济发展中，民族国家内部和民族国家之间的集体行动和民主治理的能力都出人意料地受到了限制。

针对气候采取的行动和其他急需国际合作的领域（移民、和平、信息隐私）全都进展缓慢，这可悲地说明了近几十年来，对于全球共同利益，以及为应对我们目前所面临的对穷人影响极大的挑战所需要的国际合作，各方的共识（或达成共识的能力）十分有限。

联合国目前的改革试图通过创新来应对这场多边主义危机。在本章中，我们提出三种新方法：通过伙伴关系，将各种非国家行为体纳入全球治理；从自上而下向多中心行动转变；开展新形式的区域合作，特别是南南合作和三方合作。

从援助到伙伴关系

国际教育合作不仅在不稳定的世界秩序中运作，而且必须对此做出应对。要实现一项新的全球教育协议，就需要重新构建国际合作模式。同时，教育机构本身也有助于为人们普遍理解当前的挑战和集体行动的必要性奠定基础，尤其是在年轻人中普及这一理解。

历史告诉我们，殖民主义与对国家经济和地缘政治利益的追求，共同深刻地塑造了教育合作的国际架构。这一架构是围绕由北向南的资金流动和思想传播而定义的。今天，国际教育发展和外国援助依然问题重重。这不仅因为教育在官方发展援助总额中所占份额很小，也因为教育援助过多地向中等收入国家倾斜。对撒哈拉以南非洲的教育援助正在减少，该地将在2050年成为全球青少年人口最多的地区，预计也将面临地球上一些最直接的环境和经济挑战。

此外，教育官方发展援助，尤其是七国集团捐助方中的最大经济体，往往倾向于支持高等教育，包括提供奖学金。而为普及幼儿教育和优质中小学教育提供的资助往往过少。确定无疑的为根除儿童文盲——这是联合国在20世纪中叶首次通过的目标——而制定的集体行动全球战略尚未出现。儿童失学顽疾仍在，还有大量儿童及青年有机会上学，学到的东西却很少。难民和非自愿移民的教育需求也面临资金不足。

难民和非自愿移民的教育需求也面临资金不足。

教育援助的捐助方之间缺乏协调这一问题依然存在。在援助量上占主导地位的北方双边组织尤其如此。《援助实效问题巴黎宣言》通过近20年后，教育捐助方仍然倾向于以不符合国家需要的孤立的、项目化的形式提供发展援助。我们没能有效利用教育发展的多边渠道，也丧失了以支持创新、更好地利用证据和加强国家能力的方式汇集和协调资源的机会。

虽说如此，在教育合作方面，还是存在一些可以继续向前迈进的有前景的新发展。近几十年来，民间组织在地方、国家和国际各层面积极参与教育，政府和非国家行为体之间形成了新的伙伴关系。南南合作和三方合作的形式方兴未艾。近期的宣传工作效果显著，有助于提升教育在全球政治议程中的优先级。教育越来越多地出现在全球和区域政治机构的议程当中。

迈步向前，三种全球公益事业对于实现共同的、更公平、更适宜和更可持续的教育未来尤为重要。第一，国际社会需要共同努力，帮助各国政府和非国家行为体，围绕实现新的教育社会契约所需的新的共同目标、规范和标准团结一致。第二，国际社会必须投资建立和推广一个可以随意访问的有关教育的知识、研究、数据和证据的存储库，确保各级教育工作者都能生成和运用这些证据，以改进教育体系。第三，国际资金必须增加，并且用来帮助那些最难享有普遍受教育权的人口。

迈向共同的目标、承诺、规范和标准

自20世纪中叶联合国和联合国教科文组织成立、《世界人权宣言》通过以来，教育领域的国际合作在就教育的宗旨和目标达成共识方面发挥了重要作用。如今，商议共同的教育目标正变得日益重要。

我们必须重构国际合作，使之摆脱复制工业化世界的思想和制度的老旧观念。我们需要促进南南和三方形式的协商。我们迫切需要对不同类型的教育行为者，包括教师工会、学生组织、青年组织、民间组织、私营供应商与雇主、慈善机构、政府和公民之间的对话和建立共识进行改进。着眼于长远未来的合作，必须以儿童和青年的声音为中心。

随着我们步入新冠肺炎疫情的持续所引发的财政紧缩时期，我们将越来越需要优先考虑共同目标，确保国际与国内的资金都能兑现之前的承诺。全球行动者必须团结起来，为实现这些目标，支持共同宣传和筹资议程，对双边的、慈善的资金进行协调，而不是争夺。

在制定共同目标和行动框架时，教育部门可以借鉴气候和卫生部门的相关经验教训。我们可以做更多工作，来确保参加国际合作的所有行动者都能制定自己具体、有时限的目标和承诺。国际合作应围绕辅助性原则进行组织，因为目的越具体、越是以当地为主导，它作为集体倡导和问责的目标就越切实可行，这一目的的具体“所有者”也越有可能确保它的达成。我们可以建立更强有力的区域和全球监测机制，通过对每个行为体的进展进行循证评估，确保他们对这些承诺和目标负责。

在全球层面，教育部门和相关的全球机构一直难以确定主要问题和细分问题的优先次序，这往往会导致表演性的声明过多，而行动不足，以及我们最珍视的长期教育目标的落空。全球机构不应该试图大包大揽。它们的工作是加强其他人的行动能力。要做到这一点，它们应集中精力，加强全球和区域达成一致承诺的能力，并确保其对这些承诺负责。全球行动者作为知识和证据的中间方，在确保不同行动者参与知识的生成与利用方面，也能起到很好的作用。他们在充当应对严峻教育挑战的最后资助者这方面，也可以发挥重要影响，尤其是在帮助低收入国家和应对紧急情况的时候。

在塑造共同的教育未来方面，全球机构在引导我们关注长期挑战中发挥独特的作用。例如，研究和辩论应当更加关注教育在应对不断变化的工作和自动化的世界时起到的作用，关注如何最好地解决移民和气候变化带来的跨境外部影响问题，关注如何治理日益数字化和跨国提供的教育服务。

全球机构在引导我们关注长期挑战中发挥独特的作用。

我们必须通过参与和联合决策的广泛过程，来一同制定共同议程。这一议程必须解决两项任务之间的紧张关系：对治理未来进行的长期思考，和为纠正过去遗留的教育不平等和排斥展开干预的迫切需求。

在知识生成和证据使用方面的合作

研究和证据是教育领域必不可少的全球利益。它们共同帮助政府及其合作伙伴解决问题、进行创新、加速教育转型。它们同时是加强全球、区域和国家履行承诺的国际责任的基础。

从经合组织到联合国机构，重要国际组织的工作中都存在滥用脱离现实的数据、排行榜和其他形式的“数字治理”的问题，这招致了很多批评。这些批评切中要害，但我们仍需要共享统计数据，公平地治理教育体系，确保共同利益。正如卫生和气候部门，以及近期教育领域中的跨国倡议所表明的那样，努力监测和评价任务进程有助于为实现我们的共同目标加强国际责任，也有助于让不同种类的教育利益相关者都参与其中。

到目前为止，全球行动者没能为最大限度地利用国际证据和数据筹集并协调投资。在全球卫生领域，主要多边组织会为了确保获得高质量的监测数据而筹集资源，与之相反，联合国各机构之间没有配置为共同制定标准、统计和相关的能力建设提供支持的伙伴关系。只有全球行动者以更高的水平来相互协调和筹集资金，联合国才能有效地收集和传播证据，找出证据和研究方面的差距，加强能力。

我们还必须增加资助和加强协调，从而提高生产和使用知识、数据和证据的能力。有时，对知识和调查所做的国际努力似乎是单方面的谈话，这是不可接受的。国际合作必须为南方国家提供更多空间，确立适合其独特情况的创新研究范式。在卫生领域，近期对此所做的努力侧重于搭建协作平台，并明确表示这一行动的目标是提高各国和地方的能力，促进国家之间相互学习。要想解决教育问题，就必须寻找对南南合作进行投资的新模式。正如第8章所强调的，这要求我们特别注意多样化的认识论和认知方式，丰富思维，并支持更加百花齐放的创新解决方案。

资助国际研究、证据和数据，是教育领域的一大难题。全球投入卫生领域的官方发展援助中，大约25%（大约70亿美元）用于此类全球利益，与之相反，2015年投入公共知识、证据和数据的资助在教育官方发展援助中的占比还不到3%（约2亿美元）。我们应当考虑提供一些新的选项，来改善全球研究、知识和证据的融资状况，例如，在一组联合国机构下建立一个可预测的教育知识和证据生成联合基金。

为受威胁地区提供教育资助

虽然有必要从根本上重新思考国际教育合作，摆脱对援助的依赖，但我们也必须重新评估其与国际教育援助的新关系的功能及其重点。

援助在国家需求中所占份额越来越小，因此其在全球舞台上的影响力和关联度也将不断下降。援助加剧了殖民主义造成的权力不均衡，对加强教育体系的可持续性帮助不大。与此同时，低收入国家和中低收入国家，尤其是将在未来几十年养育全球大多数年轻人的非洲国家，需要我们建立一个为其提供支持的资金池。如今，只有47%的援助用于低收入国家和中低收入国家的基础教育。我们还需要保障用于支助流离失所人口和非自愿移民教育需求的全球资金，随着气候危机的加剧，他们的人数也将不断增加。正如新冠肺炎疫情揭示的那样，我们将继续需要用于危机和紧急情况后的应急响应和教育重建的国际储备资金。

为了满足从现在到2050年的需求，我们要改善现有的多边渠道，使之能够筹集新资源，填补缺口，同时还要加强国家的资源调集和国家能力。与2005年国际捐助方通过《援助实效问题巴黎宣言》时一样，到如今，按照国家自主教育规划和国民体系匹配援助，并在捐助者之间加强协调，仍然具有重要意义。

多边渠道为提高援助实效提供了更好的机会，更有可能将援助直接输送给最需要的国家与人民。但多边渠道的工作也要改进，因为它们依然是项目化的，毫无必要地把借方和贷方与其生产的知识和方案一直捆绑在一起，在为国家能力建设提供支持方面总是徒劳无功。例如，在全球公共卫生领域，最近提出的补救此类失败的建议就包括将跨机构的技术支持与财政支持分离，以及建立跨多边组织的联合问责机制。

联合国教科文组织的角色

联合国教科文组织在过去25年中面临诸多挑战。尽管它肩负协调全球对话、制定教育标准以及确保实现可持续发展目标中的教育目标的正式责任，但它总是难以有效地履行这些义务，并面临着严厉的批评。尽管联合国教科文组织任务范围广泛，涵盖了教育、科学和文化等领域，但其整体预算却比欧洲的许多大学还要少，这发人深省。联合国教科文组织的教育部门总预算只是世界银行为教育领域的知识和能力建设活动筹集的资金的一小部分。

为了在我们的可持续教育未来愿景中发挥有效作用，联合国教科文组织需要重新思考其发展教育的方法途径。在辅助性原则的基础上，它应首先把自身视为一个加强区域和国家机构实力、推动进程的伙伴。其次，它也是一个主张在教育体系各层级中加强数据和公民问责的证据中间机构和倡导者。联合国教科文组织在促进新的教育社会契约的全球对话方面发挥着独特作用的同时，也必须将大部分财政和人力资源集中在受教育权最难实现的地区，特别是非洲——到2050年，全球绝大多数青少年将在非洲生活学习。

联合国教科文组织将需要更清楚地认识到其在由参与教育规范制定、资金筹集和知识调动的全球与区域行动者所组成的复杂生态系统中的相对优势。它应该与联合国的合作伙伴协同工作，找出创新解决方法，确保非自愿移民和流离失所人口的受教育权——在我们这个充满不确定的世纪里，他们的人数预计将成倍增加。联合国教科文组织应该利用自身的全球影响力，将获取数字信息视为一项人权，扩大对数字信息的访问，并使之更为公平。联合国教科文组织还必须支持公民和民间组织参与教育治理，使教育能够响应他们的需要。教育体系应加强和平、繁荣和可持续性教育，继续发挥联合国的灯塔作用，为建设我们共同的未来而发挥作用。

联合国教科文组织具有一种独特的能力，那就是它能够召集和动员全世界的人员和机构来塑造我们共同的教育未来。这就是它的强大之处。我们需要的正是这种力量，来建立一个新的、得到国际认可的教育社会契约，以及更重要的，一个将其付诸实施的新协议。

对话与行动的原则

本章呼吁，为了应对未来的教育需求、挑战和可能性，我们应该重新展开国际合作。展望2050年，有四项与促进教育未来的国际合作有关的关键重点事项。

- **委员会呼吁所有教育利益相关者在全球和区域层面共同努力，为我们面临的教育挑战制定共同目标和共同解决方案。**构建支持全人类迈向公正、平等的教育未来所需的新的社会契约，对于那些受教育权面临全球最严峻挑战的人来说尤其重要。各种非国家行为体和合作伙伴必须参与其中，我们也要将自上而下的模式改变为多中心的行动模式，并接受新形式的区域合作，尤其是南南合作和三方合作。
- **国际合作应遵循辅助性原则，要支持和加强地方、国家和区域自身应对挑战的能力。**为了强化新的教育承诺、规范和标准，我们还需要加强问责制，从而履行教育承诺，协调推动教育的改进。
- **关注低收入国家和中低收入国家的国际发展融资依然十分重要。**尤其是对于那些经济严重受限的国家和青年群体，特别是在非洲地区。我们还需要针对那些受教育权因危机和紧急情况遭到损害的人口，向他们提供资金。
- **对证据、数据和知识所做的共同投资，也是有效国际合作的重要组成部分。**在这方面，我们的努力也应以辅助性原则为指导，强调必须培养地方、国家和区域生产和应用知识的能力。我们比以往任何时候都更需要加强跨社会、跨国界的相互学习和知识交流，这种交流既涵盖消除教育不平等和贫困、改善公共服务等核心领域，也涵盖应对自动化和数字化、移民和环境可持续性问题的长期挑战。我们需要集合平台和新的资金来源，以确保在全球知识和数据这两个维度上的教育进步。

我们必须秉持坚韧、大胆和团结一致的精神和态度，并始终着眼于2050年及以后，来制定这一全球团结和行动的议程。这就意味着联合国内部要分担这些责任，对自身协调能力做出改进，并加强联合国教科文组织的作用。不这样做，本报告中提出的建议，即把教育定义为一种全球、公共和共同的利益，为教育构建新的社会契约，就都无法实现。在一代人的时间里，我们有能力改变教育体系，使其真正具有包容性、适切性，从而提高我们应对全球挑战的能力。

结语及尾声

共建教育的未来

为了令教育满足未来人类和地球的需要，我们必须尽快携手合作，为教育打造一份新的社会契约。本报告一方面阐明了新契约的优先地位，另一方面也为其构建提出了建议。新契约应基于两项基本原则：扩宽视野，保障人们终身受教育的权利；巩固教育作为公共和共同利益的地位。

关于构建新的教育社会契约的建议是整个报告的核心，该契约内含促成并激发围绕教育的社会凝聚力、产生相应的教育安排的共识和原则。本结语的目标是对其中关键的重点事项和建议进行总结，我们邀请读者一同推动其向前发展，进行重新诠释，并且重新构想我们共同的教育未来。

构建一项新的教育社会契约，并不意味着我们要放弃迄今为止在教育领域共同学习和经历的一切，它也绝非仅仅对一条已经设定好的路径做出航向修正。人们一直没有停下制定新社会契约的脚步，其实教育者、社群成员、青年和儿童及其家庭已经准确指出了现有教育体系的局限性，开创了克服这些局限性的新方法。

人们一直没有停下制定新社会契约的脚步，其实教育者、社群成员、青年和儿童及其家庭已经准确指出了现有教育体系的局限性，开创了克服这些局限性的新方法。

但是，假如我们不能作为一个集体通力合作，一同阐明我们在努力重构教育的过程中学到的东西，那么我们的努力会常常陷入孤立，对解决大型机构的弊端效果有限。只有积极参与对话和实践，构建新的教育社会契约，我们才有可能重塑教育，使一个公正、公平、可持续的未来成为可能。本报告一方面为读者提供了深入探讨这一话题所需要的背景信息，另一方面也邀请读者参与进来，进一步推动这一公开对话。本报告旨在引发讨论，促使全世界探讨在实践领域和特定的环境中，教育的社会契约具有怎样的意义，并因此成为通向未来的道路上的一座重要里程碑。它是一份“活的”文件，提出一个框架和若干原则、建议，可供全世界人民在未来继续对其进行探索、分享和充实。它的目标是启发人们在对教育进行革新和改造的过程中，采用新的方式来制定政策、进行创新活动，以便真正地帮助所有学习者创造一个更加美好的未来。只有当教师、学生、家庭、政府人员及其他教育利益相关者，尤其是各个社群认同报告中的理念，并且积极地在社群中共建这些理念在实践中的含义时，才能真正实现变革教育的意义。

委员会呼吁联合国教科文组织建立和维持一个能够审议、参与和分享本报告所提出思想的相关经验的合适渠道。本报告今后是否能够成功，取决于它能否开启一项持续的反思和行动的进程。教育工作总是在“进行之中”，这里提出的建议全都建立在一个假设之上，即这些建议本身必定会不断变化和发展。我们需要加强合作，学会彼此更加和谐地相处，学会与我们的地球区别于其他星球的非凡的生命形式和系统相处，也学会与既为人类繁荣发展快速开辟新空间和潜力，同时带来前所未有的风险的技术相处。

教育能够创造和重塑世界，这一全球共识是我们的共同出发点。这一共同信念是不容置疑的，它使我们在面临许多前所未有的新挑战时，能够贯彻我们做出的承诺。要想做出改变，就必须以不同的方式来思考、理解、倾听和设想。而对于有关教育、知识和学习可以开辟道路、改变未来的既定思维方式，我们也应进行一场公开的审视。

关于构建新的社会契约的建议

本报告重点检视了为构建新的教育社会契约所要进行改变的五个方面，本报告第二部分强调了每个方面的关键性建议，以及贯彻落实这些建议的基本原则。本报告虽非详尽无遗，但已将一个初步行动框架总结呈现于此，人们可以对其进行本地化和升级，通过教育手段，实现崭新未来。

团结合作的教学法

教学法需要围绕着团结与合作的原则进行改革，进而取代长期存在的排他和个人主义的竞争模式。教育应当培养受教育者的同理心和同情心，应当培养受教育者携手共进，改变自己和世界的个人能力。教师、学生和知识之间的关系超越了课堂规范和行为准则，这些关系塑造了我们的学习。学习又会延伸学生与道德及关怀的关系，而这些品性正是我们在承担起共同的世界责任时所需要的。教学是引发这种变革性交流的工作，从现有的状况向可能的发展状况转变。

教学是引发这种变革性交流的工作，从现有的状况向可能的发展状况转变。

展望2050年，我们需要放弃强调个人主义和竞争性成绩的教学模式、课程和衡量标准。取而代之，我们需要重点考虑以下指导原则。

第一，关联、依存和团结对于变革个体和集体的教学法是必不可少的。随着教师学习怎样在教室内外培养教学关系，学校和教育体系必须想方设法将这些实践纳入更制度化的层面。经验与对话，服务与有意义的行动，研究与反思，参与建设性的社会活动与社区生活——这些都是颇有前景的方法中的一小部分。学校和教育体系还必须打破社会和部门的壁垒，倾听家庭和社群的声音，将自身延伸到生活的其他领域，从而为课堂以外的新的联系和教学关系提供支持。

第二，合作与协作应该构成教学法这一集体的、相互关联的过程的基础。教师可以采用各种各样的学习策略——从同伴反馈、项目化学习、提出问题和探究式学习、学生实验室、职业技术工坊，到艺术表达和创造性合作——所有这些都是为了培养学生们或独立或集体地以创造性和前所未有的方式应对新挑战的能力。学校和教育体系可以探索各种方法，促进不同年龄、兴趣、社会部门、语言和学习阶段的人发生更广泛的接触。

第三，我们应当把团结、同情心和同理心深深地渗透到我们的学习方式中。这种教学法能使学生理解远超他们亲身经历的经验。我们也欢迎家长和家庭参与其中，与孩子一起分享和珍惜多样性与多元性，这对于消除学生在不同环境和关系中面临的偏见、歧视与分歧至关重要。学校和教师可以创造重视同理心，维持历史、语言和文化多样性的环境，其中，原住民群体和广泛的社会活动尤其重要。

第四，所有评价都是教学评价，所以必须经过深思熟虑，务必能够为促进学生的成长与学习的更广泛的教学重点提供支持。教师、学校和教育体系可以利用评价来确定任务的轻重缓急，明确并处理具有挑战性的领域，从而更好地支持个人和集体的学习。评价不应被当作惩罚或划分“赢家”与“输家”的工具。教育政策不应受排名的不当影响，过分强调高利害的、脱离当地背景的考试，它们会反过来影响在学校时空中发生的事情，造成极大的压力。

课程与知识共享

我们必须在教育与它促进的知识、能力和价值观之间构建新的关系。课程大纲需要与支撑教育的两个重要过程相联系：其一是获取作为人类共同遗产一部分的知识，其二是共同创造新知识和新的可能未来。展望2050年，我们需要超越传统上将课程视为一系列学校科目的课程观，而从一个跨学科和跨文化的视角对其进行重新构想，使学生能够从人类的知识共享中学习并为其做出贡献。为此，我们应该重点考虑下述指导原则。

> 支撑教育的两个重要过程：获取作为人类共同遗产一部分的知识，以及共同创造新知识和新的可能未来。

第一，课程应提高学习者获取和贡献于知识共享的能力，知识共享是全人类共同的传承，必须得到持续的扩展，并纳入各种不同的认识和理解方式。课程的设计和实施不应停留在狭隘地传递事实和信息上，而应着力培养能使学习者参与获取、应用和生产知识的概念、技能、价值观和态度。

第二，快速变化的气候和地球环境要求课程重新确定人类在世界上的位置。不可逆转的地球变化正在加速，教育必须促使人们意识到环境、社会和经济福祉之间内在的相互联系。课程必须汲取各种形式的知识，帮助学生及其社群认识到人类与这个并非由人类独享的世界存在不可分割的联系，从而使其能够适应、缓解和扭转气候变化。课程应突出气候变化对其社群、对世界的影响，这种影响在那些经常被边缘化的人，例如穷人、少数民族，以及妇女和女童身上尤为显著。课程知识可以为有意义的行动提供强有力的框架，并支持儿童与青年继续引领将对他们的未来产生深远影响的气候缓解与环境保护的工作。

第三，我们必须通过提高人们的数字、科学、文本、生态、数学等多种素养，来阻止错误信息和操控他人的行为的迅速传播，帮助人们找到通往真实、准确的知识的途径。这些素养对于基于共同真理的、有意义且有成效的民主参与至关重要。有效的素养不仅必须培养人们对事实、信息和数据的理解，还必须培养对达成可靠结论、验证结果和准确沟通所需的过程的理解，例如进行求证和合理地溯源。课程可以广采历史、文化和方法论等途径之所长，培养学生热爱理解、精确、严谨和求真。

第四，人权和民主参与应成为改变人与世界的课程与学习的基本原则。人权必须继续保持神圣不可侵犯的地位，而且作为我们的社会契约的一个共同出发点，人权也必须是塑造学习过程的课程的基础。课程应该强调所有人固有的权利与尊严，以及克服暴力、建设和平社会的必要性。与社会活动及基层社区进行的互动，有助于课程质疑、揭示和对抗那些引发歧视性别、种族、原住民身份、语言、性取向、年龄、残疾或公民身份的权力结构。

教师与教学职业

教师在通过自身职业构建新的教育社会契约方面发挥着独特的作用。他们是关键的召集人，共同协作将不同的元素和环境组合到一起，帮助学生增长知识与能力。目前还没有任何技术能够替代或消除人们对优秀的人类教师的需求。展望2050年，关键是我们不再把教学视为一种依靠个人来协调有效学习的孤立实践。相反，教学应该成为一种协作的专业，团队合作应成为学生进行有意义学习的保障。为此，我们应该重点考虑下述指导原则。

> 没有任何技术能够替代优秀的人类教师。

第一，协作和团队合作应成为教师工作的特征。我们为教育制定了许多目标，即使最有才华的教师也不可能单独满足所有的期望。我们将需要教师与其他教师、学科专家、读写专家、图书管理员、特殊教育工作者、指导顾问、社会工作者和其他人员进行团队合作。随着人类所要面对的干扰越来越多，我们对协作工作的需要在未来几年里也将变得更为迫切，教师将继续站在帮助儿童、青年和成人以适合其年龄的方式在不断变化的世界中找到自己前进道路的第一线。正如我们要在教育环境中为学生们的身体健康、人际关系健康和心理健康提供保障，我们也要将这种支持扩展到教师身上，充分保障可供其生活的工资、职业晋升、继续教育、专业发展和协作学习环境，使他们能够继续开展他们重要的工作。

第二，生产知识、反思和研究应当被视为教学的组成部分。有关教育未来的研究和知识始于教师的工作，事实上，新的教育社会契约的许多要素可能已经存在于许多教师正在实践的变革性教学法中。教师作为知识生产者与教学法的先驱者的工作必须得到承认和支持，我们应协助他们以正式和非正式的方式记录、分享相关研究和经验，并与其他教育工作者和学校进行讨论。大学和高等教育可以构想能与教师保持持续的研究和专业关系的新的机构配置，从而支持教师的专业知识生产。

第三，教师的专业自主性必须得到支持和保护。教师职业需要各种不同的高阶能力和持续的专业发展。在接下来的几十年中，我们需要加强和扩大高质量的教师职前教育，特别是在撒哈拉以南非洲，那里由于年轻人口激增，对学校教育的需求将继续超过合格教师的供给。持续教育、师徒制与协作教学等模式可以进一步为新教师提供专业发展。教师应为备课与反思分配充足的时间，且这些时间投入必须得到公平合理的报酬。只有保障专业自主权、社会尊重和体面的工资，才能激励有能力的教育工作者继续从事这一职业，并激励有能力和积极性的个人进入这个行业。

第四，参与和教育有关的公共辩论、对话及教育政策制定应被纳入并被视为教师核心工作的一部分。在太多的情形下，学校和教室中发生的事情是由那些远离学校和教室的人所决定的，他们在做决定的时候几乎没有对话、互动或有意义的反馈机制。为了教育的未来，必须变革这一状况，教师必须在有关教育未来的公共辩论、政策和对话中成为领导者和重要的信息提供者。我们要将教师在这些领域中的参与化为一种共识，即这构成了教师的核心功能，他们必须被视为构建新的教育社会契约的关键参与者。

保卫并改造学校

尽管在拥有各种潜力和希望的同时，也不乏缺陷和局限，但学校一直都是最基本的教育环境之一。学校是更大的教育生态系统的中心支柱，学校的生命力是一个社会对教育作为一项公共的人类活动所做承诺的体现，也是对其中的儿童与青年所做承诺的体现。展望2050年，我们再也不能让学校继续按照脱离当地环境的、千篇一律的模式进行组织了。我们需要用大规模的公共努力，以保护和改造学校的方式重新设计学校的时间与空间，从而取代当前的学校建筑、运转程序和组织模式。应该用以下重点来引导这项重要工作。

学校是更大的教育生态系统的中心支柱，学校的生命力是一个社会对教育作为一项公共的人类活动所做承诺的体现，也是对其中的儿童与青年所做承诺的体现。

第一，学校应受到保护，因为学生可以在这里经历在别处经历不到的挑战和可能性。学校需要一个合作和关怀的环境，在这里，不同群体的人可以相互学习交流。学校可以使教师和学生在一个充满支持和关爱的环境中，与新的思想、文化和看待世界的方式进行互动，这不仅帮助儿童与青年为未来生活中的挑战做好准备，也帮助他们应对当下生活的这个瞬息万变的世界。

第二，我们应当以培养学生的合作能力为宗旨，重新构想与设计学校建筑、空间、时间、课程表和学生分组。建筑环境和包容性设计本身就具有教学价值，它们会对共享学习空间中发生的事情产生影响。我们还应该以合作文化指导学校的行政管理和校际关系，培育学习、反思和创新的强健网络。

第三，数字技术的目标应该是为学校事务提供支持，无论是当前的数字技术还是可预见的技术迭代都不足以取代正规和实体的学习机构。在未来几十年中，利用数字工具将可以有效且必要地提高学生的创造力和沟通能力，使用数字空间可以为获取和参与共享知识及人类经验提供新的机遇。学校对人工智能和数字算法的应用必须小心谨慎，确保它们不会重复和加剧现有的刻板印象及系统性排斥。

第四，学校应该通过保障人权和成为可持续发展及碳中和的示范机构来塑造我们渴望的未来。学生应该得到信任，并承担起绿化教育部门的责任。地方和原住民的设计原则能够充分适应环境条件和变化，它们可以成为我们学习如何适应、减缓和预防气候变化的资源，通过这些设计原则，我们可以构建更加美好的未来，并与我们所处的自然世界和赖以生存的生态系统建立更强的共生关系。我们还需要确保教育及其他与学校有关的政策都能维护和促进教育行业内外所有人的人权。

跨越不同时间和空间的教育

我们的主要任务之一是拓宽思路，思考教育在何时何地发生，并将其扩展到更多时间、空间和人生阶段当中。我们需要了解存在于人从出生到年老的一生及其社会中的全部教育潜力，并且将众多能够促进教育的场所和往往相互重叠的文化、社会和技术可能性联系起来。能够想见，我们未来的社会在正规学校以外的众多场所、在有计划的和自主安排的时间中，都能够提供学习机会并鼓励学习。当我们展望2050年时，有四项原则可以指导落实这项建议所需要的对话与行动。

> 能够想见，我们未来的社会在正规学校以外的众多场所、在有计划的和自主安排的时间中，都能够提供学习机会并鼓励学习。

第一，在人生中的任何时候，人们都应该能获得有意义、高质量的教育机会。学习应该是贯串一生、涉及生活方方面面的。成人学习和教育必须得到进一步的发展和支持，要超越“掌握技能”和“再掌握新的技能”的简单观念，拥抱在生命所有阶段通过接受教育发生变化的可能性。任何为终身教育制定的计划，都必须重点服务那些最被边缘化、生活在最脆弱环境中的人群，要帮助学习者掌握他们所需要的知识、观念、态度和技能，从而使他们能够抓住机遇，面对当下和未来的颠覆性变化。

第二，健康的教育生态系统把自然、人为建造和虚拟的学习场所联结起来。生态圈——它的土地、水域、生物、矿产、大气、系统和相互作用——应该被理解为一个重要的学习空间。它是我们的第一位老师。与此同时，我们必须把数字学习空间进一步融入教育生态系统，对其充分地改进，使其能够支持公共、包容和作为共同利益等教育目的。我们应该优先考虑开放获取和开源平台，同时大力保护学生和教师的数据。

第三，政府应大力加强自身对教育的公共融资能力和监管力度。我们应该建设国家能力，使之能够制定和执行具有响应性、公平性并维护人权的教育标准与规范。在地方、国家、区域与全球各层面，政府与公共机构都应努力围绕这些原则开展对话、采取行动，从而支持对我们共同未来的重新构想。

第四，受教育权应该被扩宽。仅仅围绕正规的学校教育来界定受教育的权利，已经不能很好地满足我们的需要。展望未来，我们应充分利用信息权、网络连通权和文化权，来促进终身的、覆盖生活方方面面的受教育权。

行动呼吁

本报告为了促进和协调各方努力订立新的教育社会契约，发出两项呼吁：一项是呼吁制定新的教育研究议程，另一项是呼吁重新达成国际团结与合作，从而巩固教育作为公共和共同利益的地位。回应这两项呼吁的指导原则总结如下，希望它们能对我们的努力进行引导与加强，使我们能在风云变幻的世界里缔造崭新的教育未来。

教育研究新议程

本报告中强调的重点工作架起了一个连贯的共同研究议程。从一个如此深谋远虑的研究议程中产生的学习、见解和经验，将对共同构建新的教育社会契约起到促进作用。展望2050年，我们用以下四个重点来引导有关教育未来的研究与创新。

第一，关于教育未来的全球性集体研究方案，必须以人人享有终身受教育权为核心，同时预见未来的干扰并考虑到其产生的影响。研究必须超越简单的测量与批评，要按照本报告所建议的指导原则，探索教育改革。研究项目还需要根据未来素养和未来思维重新确定其优先事项，从而推动我们构建新的教育社会契约。

关于教育未来的全球性集体研究方案，必须以人人享有终身受教育权为核心。

第二，教育未来的知识、数据和证据应产生于多样化的来源与认识方式。来自不同视角的见解，可以为人们对教育的共同理解提供不同的有利角度，而非相互排斥和非此即彼的单一角度。研究人员、大学和研究机构必须检视各种去殖民化的、民主的，以及促进行使及普及人权的方法论假设和途径。学校、教师、社会活动、青年组织和社群是知识和信息的重要来源，研究人员应当认识到这一点。如果考虑包括定性研究和实务工作者研究在内的各种经验证据，那么从学习科学、神经科学、数字信息和大数据，以及统计指标中得来的发现，都可以产生重要的见解。

第三，教育创新必须反映不同环境、时间和地点的更多可能性。当人们需要重新思考并且重新情境化，以适应特定环境的独特社会和历史现实时，比较和经验可以给人们带来启发。教育创新有时也应该摆脱影响当前正规体系的制度性趋同。评价与反思应持续地、综合性地引导教育政策，从而将定期的精细提炼提升为一种改革理论，一方面摆脱停滞，另一方面摆脱无休止的权力更迭。

第四，为构建新的教育社会契约的研究，必须使来自不同利益相关群体的更多人参与进来，其中也包括那些通常不积极参与教育讨论的人。新的社会契约的种子已经发芽，尤其是在教师、学生和学校当中。参与并支持促进共同构建新的教育社会契约的研究议程，这是研究机构、政府和国际组织所担负的特殊责任。联合国教科文组织作为一个有关我们共同的教育未来的知识、愿景和思想的交流中心，可以发挥重要作用。

重新达成国际团结与合作

如果没有各个层面的团结与合作——从教室和学校的环境到国家、区域和全球各层面的广泛的承诺与政策框架——本报告所阐述的雄心勃勃的愿景就无法实现。本报告呼吁重新确立全球协作的承诺，支持教育作为一项公共和共同利益的地位，其前提是国家和非国家行为体在地方、国家和国际各层面开展更加公正和公平的合作。展望2050年，我们应该坚持与面向教育未来的国际团结与合作有关的四项原则。

第一，委员会呼吁所有教育利益相关者在全球和区域各个层面共同努力，为我们面临的教育挑战制定共同目标和共同解决方案。各项努力必须围绕为全人类实现公正和公平教育的愿景，进行协调与调整，并以终身受教育权与将教育视为一种公共和共同利益为前提。这项集体行动务必优先考虑其受教育权受全球动荡和变革的威胁最大的学习者。在未来几十年中，全球协作必须通过使不同的非国家行为体加入其中，构建各种伙伴关系，来解决权力失衡的问题。我们也要将自上而下的模式改变为多中心的行动模式，积极开展新型区域合作，尤其是南南合作和三方合作。

这项集体行动务必优先考虑其受教育权受全球动荡和变革的威胁最大的学习者。

第二，国际合作应遵循辅助性原则，要支持和建设地方、国家和区域自身应对挑战的能力。为了强化新的教育承诺、规范和标准，我们还需要在各层面加强问责。联合国教科文组织将需要重新思考其发展教育的方法：首先，它应当将自身视为一个合作伙伴，其任务是加强区域和国家的机制与进程；其次，它应当成为一个证据中间人、知识生产者，以及加强教育体系数据和公民问责制的倡导者。

第三，关注低收入国家和中低收入国家的国际发展融资依然十分重要，尤其是对于那些经济严重受限的国家和年轻人口。国际合作必须尽快将大部分财政和人力资源集中在受教育权最难实现的地区，特别是撒哈拉以南非洲地区，到2050年，全球绝大多数青少年将在那里生活学习。这些资源还应提供给遭遇紧急情况的地区，随着气候变化加快，紧急情况可能越来越频繁地发生。

第四，对证据、数据和知识所做的共同投资，也是有效的国际合作的重要组成部分。在未来几十年里，我们要加强跨社会、跨国界的互相学习与知识交流，这种交流既涵盖了消除教育不平等和贫困、改善公共服务等核心领域，也涵盖了应对自动化和数字化、移民和环境可持续性方面的长期挑战。联合国教科文组织对于促进各国和各地区之间的这种交流至关重要。

对话和参与

我们有充分理由怀有希望。在教育体系、学校和教育体系中的其他组织的设计，以及课程和教学方法等方面，我们都有可能进行大规模的变革和创新。只要我们通力协作，利用现有的资源，建设其他我们需要的资源，就能变革教育，建立公正、公平和可持续的未来。我们将依靠亿万人与集体的勇气、领导力、坚韧、创造力和关怀，改变我们前进的航向。我们拥有深厚、丰富和多样的文化传统作为基石。人类具有强大的集体能动性、智慧和创造力。有前景的实践方式要么是创新的，要么根植于传统之中，无论哪一种，都可以释放新的可能性。

> 我们将依靠亿万人与集体的勇气、领导力、坚韧、创造力和关怀，改变我们前进的航向。

本报告所发起的对话，需要尽可能多的人参与其中。在地方、国家和全球各层面，教育都是公民意识的一个决定性的因素。它关系到每个人，每个人都可以参与教育未来的建设，无论他们的影响范围和影响力有多大。本报告建议教师、大学、政府、国际组织和青少年都来发挥自身的特殊作用，进一步扩大这种前瞻性的对话与行动。

- **教师。**教师在教育未来中依然处于核心位置。正如他们自19世纪以来就一直是已经生效的社会契约的基础，他们将成为构建新的教育社会契约的决定性的召集人、实践者和研究人员。为此，我们必须确保他们的自治和自由，为其整个职业生涯中的发展提供支持，承认他们在社会中的作用和对公共政策的参与。教师会自然地成为构建对话和创新的进程中的核心角色，将其他个人与团体凝聚在一起。
- **大学与高等教育。**对大学和高等教育机构的特别呼吁存在于本报告的每一章中，正如它们也存在于新的教育社会契约的现实之中。如今，很少有人会质疑大学和所有高等教育机构在创造和传播知识方面所起的关键作用。各学科都是这样，在教育方面尤其如此。基础教育的未来在很大程度上取决于大学所做的工作，反之，大学的未来也在很大程度上取决于基础教育方面的工作。人们还期望大学能找到新的、更有效的教育儿童与青年，特别是教育幼儿的方法，并更多地参与到成人教育的实践中。从定义上来说，高等教育是代际对话和变革性对话的中心，本报告所概述的未来在很大程度上取决于高等教育。没有强大、自主、可信和创新的高等教育，就不可能构建本报告所设想的教育社会契约。

- **政府。**本报告强调了政府不可替代的作用。然而，这并不意味着报告中提出的建议只适用于国家层面的教育体系。与以往教育改革报告常常以政府为中心的做法不同，本报告的目标是鼓励更广泛的利益相关者参与到研究、知识、创新、分析和行动中来。如何评价多个层级政府的行动，这仍是一个问题，我们要少从改革的逻辑出发，多从如何促进更广泛的参与和激励创新的角度出发。此外，政府通过为教育提供充足且持续的公共经费、建设相匹配的教育监管能力，在维持和巩固教育的公共性方面发挥着独特的作用。
- **国际组织与民间组织。**本报告强调了国际组织和民间组织的重要性，特别是通过反复确认教育是一项公共和共同利益。之所以对其反复确认，是为了表明观点的重要转变，为地方、国家、区域、国际和跨部门教育合作中的新声音开辟空间。我们期待国际组织和民间组织被大力动员起来，以其独特的知识、专长和动员能力推进本报告所发起的对话。这些组织还在确保因思想、性别、种族或民族、文化、宗教信仰或性别认同而受到歧视的人们的声音得到倾听、关注和支持方面，发挥着特殊作用。
- **青年与儿童。**最后，这里提出的对话毫无疑问地包括青少年。未来要为了他们而重新规划，要为了他们而充满可能性，而不是满载负担。为了做到这一点，不仅要听取他们的意见或与他们协商，更要把他们动员起来，支持他们去建设一个将要——或已经——属于他们的未来。近期一些重要的青年和儿童运动的案例，特别是在抗击气候变化、反对种族歧视、反对父权制和保守性别规范，以及争取文化多样性和原住民自决方面的运动，为我们展示了通向未来的重要道路。领导这些运动的年轻人并没有要求授予他们权力，而是更多地对那些经常使成人不堪重负或不知所措的问题，做出紧急且具有道德明确性的回应。他们在建设我们与他们共有的未来中发挥着开创性和指导性的作用。本报告的后续工作中最重要的方面是动员年轻人参与构建新的教育社会契约的能力。

世界各地的教师、社群、组织和政府为了创造我们所需要的改变，已经实施了许多颇有前景的教育举措。无数案例向我们展示了共同创造、公开分享知识的众多方式。还有许多案例阐释了教育如何创造意义、赋予权利、解放思想，以及怎样为了共同利益而更有效地组织学习。这些现有的实践在为创造充满希望的未来指明方向的同时，也需要我们对其加以培育。

我们需要更好地了解世界各地开展的优秀工作，委员会建议联合国教科文组织成为催化剂和交流中心，对本报告所提出的原则进行开创性实践和创新性实施。

后续的邀约

本报告的核心是呼吁并旨在引导和推动广泛的社会对话，讨论理想的未来，以及教育如何帮助我们建设这样的未来。报告的理念以为期两年的对话和协商的结果为基础，反映了当下这一时刻。本报告在最后邀请各国在未来继续开展多种对话、合作和建立伙伴关系。这些对话、合作与伙伴关系——而不是本报告——对教育的未来才是最重要的。

尽管本报告阐述了一个充满挑战和希望的愿景，提出应当激活各种力量来建设面向未来的教育，并对如何实现这一目标提出了想法，但它也坚称新的教育社会契约不会自然而然地实现。要想让其形成并产生影响，就必须将其转化为能够改变学生与教师日常活动和经验的项目、资源、系统和过程。

教育使大量个人和群体处于一个复杂的关系网中。它牵涉学生、教师、家庭、教育行政人员和各级政府领导，也触及社区、省份、国家、区域和全球各层面的公共部门及民间组织。教育文化的转型是共同构建的结果，在这一共建的过程中，许多群体提出自己的兴趣和理解，并根据新的思想和与他人的对话来重新审视它们。要想把这里提出的原则、建议和策略转化为新的现实，合作至关重要。正是由于我们共同构建了这种关于如何教与学以及确立什么目标的理念，我们才能明确何谓能够改变教育实践的资源和活动，并对其做出承诺、提供支持。

当支持这种变化的条件被充分地理解、接受和实施时，实践就会发生转变。

我们每个人都可以为自己生活的社区带来改善。能否展开对话，取决于我们每一个人。尤其是在当今这个时代，无处不在的通信技术为普通人实现雄心勃勃的目标提供了连接和组织手段。技术和互联网的普及，使教师、教育机构和社群能够开展前所未有的协作，抓住机遇并找出应对挑战的办法。

新冠肺炎疫情为本报告的发布和大部分的编写工作蒙上了阴影。这一全球性的事件唤醒了人们对广泛协作与共同建设的重要性的认识。我们尚未对新冠肺炎疫情给教育造成的危害和损失进行全面衡量，但我们知道情况一定十分严重，有可能抹去几十年的进展。它的后果对穷人和被边缘化的人来说最为严重，对欠发达国家来说，这些后果与其他挑战交织在一起。疫情导致的一系列死亡和损失，加上不断加速与加剧的气候变化，都在有力地提醒我们，我们生活在这颗星球上，与其他一切都息息相关。预防新冠病毒的疫苗的发明，预示了我们围绕着知识、科学和学习来寻求解决方案时，可能达到的范围与速度。本报告希望，这一新发现的认识能推动大家齐心协力，共建崭新而光明的教育未来。

在这种紧迫，却也充满可能性的大背景下，本报告所概述的思想有助于我们一起重新构想我们的未来，为教育构建一项新的教育社会契约。本报告邀请大家共同思考和行动，共建教育的未来。它是一个起点，是一个对话和共建过程的开端。这份报告就像教育本身一样，没有完结。正相反，对于它的实现从现在才刚刚开始，并且还需通过世界各地的教育工作者以及那些与他们并肩作战的人们的共同努力。

附录

部分参考文献

独立报告

“教育的未来”国际委员会在公开呼吁组织研讨会和工作组之后，收到了下列报告。这些报告帮助委员会确定了世界正面临的关键挑战和机遇，并为他们提供了意见和建议。其他200多个组织也在小组讨论的基础上，向联合国教科文组织“教育的未来”倡议提交了报告，这些合作伙伴将在下文“全球咨询贡献者”这一部分列出。

Arab Campaign for Education for All. 2020. *Summary report on the Futures of Education in the Arab States: Building the future (2020-2050)*. Ramallah, Arab Campaign for Education for All. http://www.teachercc.org/articles/view/379

Asia South Pacific Association for Basic and Adult Education. 2021. *From the margins to the center: Youth informing the futures of education*. Manila, Asia South Pacific Association for Basic and Adult Education. http://www.aspbae.org/userfiles/2021/Futures_of_Education_Report.pdf

Barber, P., Bertet, M., Choi, J., Czerwitzki, K., Njobati, F. F., Grau I Callizo, I., Hambrock, H., Herveau, J., Kastner, A., Laabs, J., Manalo, A., Mesa, J., Mutabazi, S., Muthigani, A., Richard, P., Scheunpflug, A., Sendler-Koschel, B., White, M., and Wodon, Q. 2020. *Christian schools and the futures of education: a contribution to UNESCO's Futures of Education Commission by the International Office of Catholic Education and the Global Pedagogical Network – Joining in Reformation*. International Office of Catholic Education and Global Pedagogical Network – Joining in Reformation. http://oiecinternational.com/wp-content/uploads/2020/12/OIEC-GPENR-contribution.pdf

Bridge 47. 2020. *The role of education in addressing future challenges*. Bridge 47. https://www.bridge47.org/sites/default/files/2020-12/bridge47_-_report_to_unesco_foe_international_commission_final.pdf

Éducation, Recherches et Actualités. 2021. *L'Éducation du futur - L'enseignement supérieur : défis et paradoxes*. Beirut et Paris, Université Saint Joseph et Université Gustave Eiffel. https://www.periodicos.ufam.edu.br/index.php/larecherche

Emmaüs International. 2020. *Rapport à l'attention de la commission internationale de l'initiative de l'UNESCO : « Les futurs de l'éducation : apprendre à devenir »*. Montreuil, France, Emmaüs International. https://emmaus-international.org/images/actualites/2020/10/EMMAS_INTERNATIONAL_-_Contribution_Les_futurs_de_ldducation__juillet_2020_003.pdf

Garcés, C. E. 2020. *Aportación para la Comisión Internacional*. Madrid.

International Council for Adult Education (ICAE). 2020. *Adult Learning and Education (ALE) – Because the future cannot wait*. International Council for Adult Education. https://en.unesco.org/futuresofeducation/sites/default/files/2020-10/ICAE%20-%20Futures%20of%20ALE%20FINAL.pdf

International Task Force on Teachers for Education 2030. 2021. *The futures of teaching: Background paper prepared for the Futures of Education Initiative*. Paris, UNESCO. https://teachertaskforce.org/knowledge-hub/futures-teaching-background-paper-prepared-futures-education-initiative-0

International Union for Conservation of Nature (IUCN) Commission on Education and Communication (CEC). 2021. *Visions and Recommendations for the Futures of Education*. Gland, Switzerland, International Union for Conservation of Nature. https://www.iucn.org/sites/dev/files/content/documents/cec_report_to_unesco_foe_-_6.5.pdf

Mouvement International ATD Quart Monde. 2020. *Contribution du Mouvement International ATD Quart Monde aux Futurs de l'Éducation*. Pierrelaye, France, Mouvement ATD Quart Monde – Agir Tous pour la Dignité. https://nextcloud.atd-quartmonde.org/index.php/s/DzMMci4yqP6dkPA

Red Regional por la Educación Inclusiva de Latinoamérica. 2020. *Los futuros de la educación - Contribuciones de la Red Regional por la Educación Inclusiva de Latinoamérica*. Buenos Aires, Red Regional por la Educación Inclusiva de Latinoamérica. https://rededucacioninclusiva.org/wp-content/uploads/2020/09/Los-futuros-de-la-educaci%C3%B3n-Contribuciones-de-la-Red-Regional-por-la-Educaci%C3%B3n-Inclusiva-de-Latinoam%C3%A9rica.pdf

Schulte, D., Cendon, E. and Makoe, M. 2020. *Re-Visioning the Future of Teaching and Learning in Higher Education: Report on Focus Group Discussions for the UNESCO Futures of Education Initiative*. University of the Future Network. https://unifuture.network/wp-content/uploads/sites/2/2020/08/20200722_UFN_UNESCO-report_fin.pdf

SDG-Education 2030 Steering Committee. 2020. *Contribution to the Futures of Education*. Paris, UNESCO. https://sdg4education2030.org/sites/default/files/2020-07/Futures%20of%20Education%20SDG-Ed2030%20SC%20contribution%20July%202020.pdf

Sefton-Green, J., Erstad, O. and Nelligan, P. 2021. *Educational Futures Across Generations*. Centre for Research for Educational Impact (REDI) at Deakin University and Department of Education at the University of Oslo. https://www.deakin.edu.au/__data/assets/pdf_file/0005/2298551/Educational-Futures-Across-Generations.pdf

Seguy, F. 2021. *Penser l'avenir de l'éducation en contexte de pandémie*. Port-au-Prince, UNESCO. https://unesdoc.unesco.org/ark:/48223/pf0000378392

UNESCO. 2020. *Humanistic Futures of Learning: Perspectives from UNESCO Chairs and UNITWIN Networks*. Paris, UNESCO. https://unesdoc.unesco.org/ark:/48223/pf0000372577/PDF/372577eng.pdf.multi

UNESCO Institute for Lifelong Learning. 2020. *Embracing a culture of lifelong learning: Contribution to the Futures of Education Initiative*. Hamburg, UNESCO Institute for Lifelong Learning. https://unesdoc.unesco.org/ark:/48223/pf0000374112/PDF/374112eng.pdf.multi

UNESCO International Institute for Higher Education in Latin America and the Caribbean (IESALC). 2021. *Thinking Higher and Beyond: Perspectives on the Futures of Higher Education to 2050*. UNESCO International Institute for Higher Education in Latin America and the Caribbean. https://unesdoc.unesco.org/ark:/48223/pf0000377530

UNESCO. 2021. *Caribbean Futures of Education – Final Report*. Kingston, UNESCO. https://en.unesco.org/caribbean-futures-of-education

UNESCO's Collective Consultation of NGOs on Education 2030. 2021. *The role of Civil Society Organisations in 2050 and beyond*. Paris, UNESCO's Collective Consultation of NGOs on Education 2030. https://en.unesco.org/system/files/the_role_of_csos_in_2050_and_beyond.pdf

Unescocat and Fòrum Futurs de L'educació. 2020. How to Get to the Future of Education: Lessons Learned from the Escola Nova 21 Alliance in Catalonia. Unescocat-Center for UNESCO of Catalonia. https://catesco.org/wp-content/uploads/2020/10/Unescocat-contribution-to-Futures-of-Education.pdf

Wong, S., Kwok, V., Kwong, T. and Lau, R. 2020. Individuality, Accessibility, and Inclusivity: Applied Education and Lifelong Learning in Revolutionising Education for the 21st Century. Our Hong Kong Foundation. https://ourhkfoundation.org.hk/sites/default/files/media/pdf/UNESCO_submission_13102020.pdf

World Council on Intercultural and Global Competence. 2021. Contribution from the World Council on Intercultural and Global Competence to the UNESCO Futures of Education Initiative. https://iccglobal.org/wp-content/uploads/World-Council-Futures-of-Education-Learning-to-Become-Initiative_.pdf

Yidan Prize Foundation. 2021. Perspectives from the Yidan Prize Foundation Council of Luminaries on the Futures of Education

背景文件

下列背景文件由联合国教科文组织委托撰写，目的是推动对“教育的未来”国际委员会提出的关键问题进行思考。

Assié-Lumumba, N. T. 2020. *Gender, knowledge production, and transformative policy in Africa*. Paper commissioned for the UNESCO Futures of Education report. https://unesdoc.unesco.org/ark:/48223/pf0000374154

Buchanan J., Allais S., Anderson M., Calvo R. A., Peter S. and Pietsch T. 2020. *The futures of work: what education can and can't do*. Paper commissioned for the UNESCO Futures of Education report. https://unesdoc.unesco.org/ark:/48223/pf0000374435

Common Worlds Research Collective. 2020. Learning to become with the world: Education for future survival. *Education Research and Foresight Working Paper 28*. Paris, UNESCO.

Corson, J. 2020. *Visibly ungoverned: strategies for welcoming diverse forms of knowledge*. Paper commissioned for the UNESCO Futures of Education report. https://unesdoc.unesco.org/ark:/48223/pf0000374085

Couture, J. C., Grøttvik, R. and Sellar, S. 2020. *A profession learning to become: the promise of collaboration between teacher organizations and academia*. Paper commissioned for the UNESCO Futures of Education report. https://unesdoc.unesco.org/ark:/48223/pf0000374156

Damus, O. 2020. *Les futurs de l'éducation au carrefour des épistémologies du Nord et du Sud*. Paper commissioned for the UNESCO Futures of Education report. https://unesdoc.unesco.org/ark:/48223/pf0000374047

Desjardins, R., Torres, C. A. and Wiksten, S. 2020. *Social contract pedagogy: a dialogical and deliberative model for Global Citizenship Education*. Paper commissioned for the UNESCO Futures of Education report. https://unesdoc.unesco.org/ark:/48223/pf0000374879

D'Souza, E. 2020. *Education for future work and economic security in India*. Paper commissioned for the UNESCO Futures of Education report. https://unesdoc.unesco.org/ark:/48223/pf0000374880

Facer, K. 2021. *Futures in education: towards an ethical practice*. Paper commissioned for the UNESCO Futures of Education report. https://unesdoc.unesco.org/ark:/48223/pf0000375792

Facer, K. 2021. It's not (just) about jobs: education for economic wellbeing. *Education Research and Foresight Working Paper 29*. Paris, UNESCO. https://unesdoc.unesco.org/ark:/48223/pf0000376150/PDF/376150eng.pdf.multi

Facer, K. and Selwyn, N. 2021. *Digital technology and the futures of education – towards 'non-stupid' optimism*. Paper commissioned for the UNESCO Futures of Education report. https://unesdoc.unesco.org/ark:/48223/pf0000377071

Gautam, S. and Shyangtan, S. 2020. *From suffering to surviving, surviving to living: education for harmony with nature and humanity*. Paper commissioned for the UNESCO Futures of Education report. https://unesdoc.unesco.org/ark:/48223/pf0000374086

Grigera, J. 2020. *Futures of Work in Latin America: between technological innovation and crisis*. Paper commissioned for the UNESCO Futures of Education report. https://unesdoc.unesco.org/ark:/48223/pf0000374436

Hager, P. and Beckett, D. 2020. *We're all in this together: new principles of co-present group learning*. Paper commissioned for the UNESCO Futures of Education report. https://unesdoc.unesco.org/ark:/48223/pf0000374089

Haste, H. and Chopra, V. 2020. *The futures of education for participation in 2050: educating for managing uncertainty and ambiguity*. Paper commissioned for the UNESCO Futures of Education report. https://unesdoc.unesco.org/ark:/48223/pf0000374441

Hoppers, C. 2020. *Knowledge production, access and governance: a song from the south*. Paper commissioned for the UNESCO Futures of Education report. https://unesdoc.unesco.org/ark:/48223/pf0000374033

Howard, P., Corbett, M., Burke-Saulnier, A. and Young, D. 2020. *Education futures: conservation and change*. Paper commissioned for the UNESCO Futures of Education report. https://unesdoc.unesco.org/ark:/48223/pf0000374087

Inayatullah, S. 2020. Co-creating educational futures: contradictions between the emerging future and the walled past. *Education Research and Foresight Working Paper 27*. Paris, UNESCO. https://unesdoc.unesco.org/ark:/48223/pf0000373581/PDF/373581eng.pdf.multi

Labate, H. 2020. *Knowledge access and distribution: the future(s) of what we used to call 'curriculum'*. Paper commissioned for the UNESCO Futures of Education report. https://unesdoc.unesco.org/ark:/48223/pf0000374153

Lambrechts, W. 2020. *Learning 'for' and 'in' the future: on the role of resilience and empowerment in education*. Paper commissioned for the UNESCO Futures of Education report. https://unesdoc.unesco.org/ark:/48223/pf0000374088

Mengisteab, K. 2020. *Education and participation in African contexts*. Paper commissioned for the UNESCO Futures of Education report. https://unesdoc.unesco.org/ark:/48223/pf0000374155

Moore, S.J. and Nesterova, Y. 2020. *Indigenous knowledges and ways of knowing for a sustainable living*. Paper commissioned for the UNESCO Futures of Education report. https://unesdoc.unesco.org/ark:/48223/pf0000374046

Saeed, T. 2020. *Reimagining education: student movements and the possibility of a Critical Pedagogy and Feminist Praxis*. Paper commissioned for the UNESCO Futures of Education report. https://unesdoc.unesco.org/ark:/48223/pf0000374157

Schweisfurth, M. 2020. *Future pedagogies: reconciling multifaceted realities and shared visions*. Paper commissioned for the UNESCO Futures of Education report. https://unesdoc.unesco.org/ark:/48223/pf0000374077

Smart, A., Sinclair, M., Benavot, A., Bernard, J., Chabbott, C., Russell, S. G. and Williams, J. 2020. *Learning for uncertain futures: The role of textbooks, curriculum, and pedagogy*. Paper commissioned for the UNESCO Futures of Education report. https://unesdoc.unesco.org/ark:/48223/pf0000374078

Sriprakash, A., Nally, D., Myers, K., and Ramos-Pinto, P. 2020. *Learning with the past: racism, education and reparative futures*. Paper commissioned for the UNESCO Futures of Education report. https://unesdoc.unesco.org/ark:/48223/pf0000374045

Stitzlein, S. M. 2020. *Using civic participation and civic reasoning to shape our future and education*. Paper commissioned for the UNESCO Futures of Education report. https://unesdoc.unesco.org/ark:/48223/pf0000374034

Vasavi, A.R. 2020. *Rethinking mass higher education: towards community integrated learning centres*. Paper commissioned for the UNESCO Futures of Education report. https://unesdoc.unesco.org/ark:/48223/pf0000374442

Wagner, D., Castillo, N. and Zahra, F. T. 2020. *Global learning equity and education: looking ahead*. Paper commissioned for the UNESCO Futures of Education report. https://unesdoc.unesco.org/ark:/48223/pf0000375000

Ydesen, C., Acosta, F., Milner, A.L., Ruan, Y., Aderet-German, T., Gomez Caride, E. and Hansen, I. S. 2020. *Inclusion in testing times: implications for citizenship and participation*. Paper commissioned for the UNESCO Futures of Education report. https://unesdoc.unesco.org/ark:/48223/pf0000374084

Alongside this background research, an interactive game was developed for the Futures of Education initiative to think about alternative learning systems and explore their implications with different groups.

Keats, J. and Candy, S. 2020. *Accession: Building an intergenerational library*. Game developed for the Futures of Education initiative.

全球咨询意见

为了分析和综合通过小组讨论、在线平台、调查和投票渠道得到的观点与想法，联合国教科文组织还委托编写了以下文件。

Jacobs, R. and French, C. 2021. Women, robots and a sustainable generation: Reading artworks envisioning education in 2050 and beyond. Paper commissioned for the UNESCO Futures of Education report. https://unesdoc.unesco.org/search/faad9f2c-4a70-4b7a-8ac7-c3cffecd156c

Melchor, Y. 2021. *Analysis report of the online consultation modality: Your ideas on the futures of education*. Paper commissioned for the UNESCO Futures of Education report. https://unesdoc.unesco.org/ark:/48223/pf0000378271/PDF/378271eng.pdf.multi

TakingITGlobal. 2021. Focus group discussion analysis: Perspectives from the UNESCO Associated School Network's community of students, teachers and parents. Paper commissioned for the UNESCO Futures of Education report. https://unesdoc.unesco.org/ark:/48223/pf0000378054/PDF/378054eng.pdf.multi

UNESCO. 2021. *Education in 2050: Analysis of social media polling campaign for UNESCO's Futures of Education report*. Paris, UNESCO.

Moeller, K., Agaba, S., Hook, T., Jiang, S., Otting, J., Sedighi, M. and Wyss, N. 2021. *Focus group discussions analysis: September 2019 - November 2020*. Paper commissioned for the UNESCO Futures of Education report. https://unesdoc.unesco.org/ark:/48223/pf0000375579/PDF/375579eng.pdf.multi

“教育的未来”国际委员会的出版物

在本报告的编写过程中，为了接受反馈意见和建议，委员会发布了若干正在进行中的工作的临时简报。此外，委员会还就新冠肺炎疫情危机导致的教育中断提出了建议。

International Commission on the Futures of Education. 2020. *Visioning and Framing the Futures of Education*. Paris, UNESCO. https://unesdoc.unesco.org/ark:/48223/pf0000373208

International Commission on the Futures of Education. 2020. *Protecting and transforming education for shared futures: joint statement by the International Commission on the Futures of Education*. Paris, UNESCO. https://unesdoc.unesco.org/ark:/48223/pf0000373380

International Commission on the Futures of Education. 2020. *Education in a Post-COVID World: Nine ideas for public action*. Paris, UNESCO. https://unesdoc.unesco.org/ark:/48223/pf0000373717

International Commission on the Futures of Education. 2021. *Progress update of the International Commission on the Futures of Education*. Paris, UNESCO. https://unesdoc.unesco.org/ark:/48223/pf0000375746

“教育的未来”国际委员会

任务

“教育的未来”国际委员会的任务是集体反思在一个日益复杂、不确定和动荡的世界中如何重新思考教育，并以旗舰报告的形式提出可以作为多层面对话与行动的议程的分析和建议。展望2050年及以后，本报告应为教育政策和教育实践提出愿景和策略。作为报告编写过程以及与全球各地利益相关方进行交流的一个组成部分，委员会应考虑如何最大限度地增强报告发布后的持续影响。

委员会把近期地缘政治变化、加速的环境退化和气候变化、不断变动的人口流动模式及科技创新的指数级速度都考虑进来。与此同时，报告应设想和分析技术、社会、经济和环境的干扰会造成的多种可能未来，以及教育会如何影响这些可能的未来并受其影响。

联合国教科文组织长期致力于对作为共同利益的教育和知识采取一种多元的、综合的、人文的方法，委员会把对这一问题的考虑纳入报告当中。委员会应邀对此前的联合国教科文组织全球教育报告中提出的基本原则提出疑问并重新评估。总而言之，委员会将根据预测的、可能的和更理想的未来所蕴含的巨大挑战和机遇，重点考察教育、学习与知识的作用。

成员

萨赫勒–沃克·祖德（H.E. Sahle-Work Zewde）

埃塞俄比亚联邦民主共和国总统

“教育的未来”国际委员会主席

萨赫勒–沃克·祖德于2018年10月25日被选为埃塞俄比亚联邦民主共和国第五任总统，是该国首位女性总统。她在1998年进入埃塞俄比亚外交部后，历任埃塞俄比亚驻塞内加尔大使，并被委派至佛得角、冈比亚、几内亚、几内亚比绍和马里；驻吉布提大使和政府间发展组织常驻代表；驻法国大使，并被委派至摩洛哥和突尼斯，兼任联合国教科文组织常驻代表；非洲联盟常驻代表和非洲事务总干事。

萨赫勒–沃克总统于2009年进入联合国，担任秘书长特别代表兼联合国中非共和国建设和平办事处主任。2011年，她被任命为联合国内罗毕办事处副秘书长级别首任专职总干事。2018年6月，安东尼奥·古特雷斯秘书长任命她为驻非洲联盟特别代表和联合国驻非洲联盟办事处主任。她是联合国首位担任这些职位的女性。

安东尼奥·诺沃亚（António Nóvoa）

葡萄牙里斯本大学教育学院教授

“教育的未来”国际委员会研究起草委员会主席

安东尼奥·诺沃亚在2006年至2013年期间担任里斯本大学校长，后担任该校名誉校长。他是一名教育学教授，拥有日内瓦大学和巴黎第四（索邦）大学博士学位。他被多所大学授予荣誉博士学位。他曾在40多个国家/地区举办研讨会和讲座，著有200多部学术著作。诺沃亚目前任葡萄牙驻联合国教科文组织大使。

青柳正规（Masanori Aoyagi）

日本东京大学名誉教授

青柳正规1944年出生于中国大连。作为古希腊和罗马艺术史的主要研究者之一，青柳博士从事地中海地区遗址挖掘工作已逾40年。他于1967年从东京大学文学部毕业，1969年至1972年在罗马大学研习古典艺术史和考古学。他拥有文学博士学位。他曾担任过的职务包括文化厅厅长，目前的职务是奈良县立橿原考古学研究所所长和多摩美术大学董事会主席。

阿琼·阿帕杜雷（Arjun Appadurai）

美国纽约大学媒体、文化与传播学戈达德名誉教授，纽约巴德研究生中心马克斯·韦伯全球教授

阿琼·阿帕杜雷是纽约大学媒体、文化与传播学名誉教授，也是纽约巴德研究生中心马克斯·韦伯全球教授。他是全球化文化动态领域主要的分析师。他的

学术研究涉及多样性、移民、暴力和城市。他最近的著作是（与内塔·亚历山大[Neta Alexander]合著的）《失败》（政体出版社，2019年）。

帕特里克·阿瓦（Patrick Awuah）

加纳阿希士大学创始人兼校长

帕特里克·阿瓦是加纳阿希士大学创始人兼校长，该校的目标是通过培养新一代有道德、有创业精神的领袖人物来推动非洲的复兴。在帕特里克的领导下，阿希士大学拥有一个严格的多学科核心，以及商业、计算机科学、管理信息系统和工程学等具有重大影响力的专业。帕特里克是麦克阿瑟学者，也是世界教育创新峰会教育奖的获得者。2015年，帕特里克被《财富》杂志评为“全球最伟大的50位领袖”之一。

阿布杜勒·巴塞特·本·哈森（Abdel Basset Ben Hassen）

突尼斯阿拉伯人权研究所所长

阿布杜勒·巴塞特·本·哈森是突尼斯阿拉伯人权研究所所长。本·哈森在人权教育领域拥有30年的从业经验，曾参与中东北非地区人权项目的发展和实施以及教育改革。他曾发表关于人权、人权教育和文化的文章，也是联合国人权教育十年起草委员会的成员。

克里斯托万·布厄克（Cristovam Buarque）

巴西巴西利亚大学名誉教授

克里斯托万·布厄克在巴黎索邦大学获得博士学位后，在位于华盛顿特区的美洲开发银行工作了六年。他是巴西利亚大学名誉教授和前校长。他曾担任巴西的教育部部长、联邦区长官和共和国参议员。克里斯托万·布厄克是与教育有关的有条件现金转移这一概念的先驱，他还发表了大量围绕基础教育和高等教育的未来，探讨增加入学机会和教育创新的论文。

埃莉萨·格拉（Elisa Guerra）

墨西哥菲拉德尔菲亚谷地学校教师兼创始人

埃莉萨·格拉是一名教师，也是墨西哥菲拉德尔菲亚谷地学校的创始人和人类潜能开发研究所拉丁美洲主任。她曾获得美洲开发银行和翅膀（ALAS）基金会颁发的2015年度“拉丁美洲最佳教育工作者”奖，并入围全球教师奖的决选名单。埃莉萨拥有两个硕士学位，分别来自蒙特雷理工学院与哈佛大学教育研究生院。她著有26部专著与教科书，热衷于早期教育、全球公民意识和创新教学等主题。

巴德尔·贾法尔（Badr Jafar）

阿联酋克雷森特企业首席执行官

巴德尔·贾法尔是克雷森特企业的首席执行官和克雷森特石油公司的总裁。巴德尔与联合国伙伴关系办事处合作，创立了致力于促进透明与问责的企业文化的私立非营利组织“珍珠倡议”。巴德尔是沙迦创业中心和加沙天空极客的顾问委员会成员。巴德尔还与一些高等教育机构合作，他目前担任剑桥大学贾吉商学院、麻省理工学院的发展与创业中心、贝鲁特美国大学和沙迦美国大学的顾问委员会成员。巴德尔也是剑桥大学慈善战略中心的创始赞助人。

金度延（Doh-Yeon Kim）

韩国首尔国立大学名誉教授，韩国教育科学技术部前部长

金度延曾任首尔国立大学材料工程系教授。他还在蔚山大学和浦项科技大学担任过助教。金教授还担任过韩国教育科学技术部部长和国家科学技术委员会主席。他关注的领域包括随着信息和通信技术的进步，教育和教学将会发生的变化。

林毅夫（Justin Yifu Lin）

中国北京大学新结构经济学研究院院长兼教授

林毅夫是北京大学新结构经济学研究院院长、南南合作与发展学院院长、国家发展研究院教授和名誉院长。在此之前，他曾担任世界银行高级副行长兼首席经济学家，以及北京大学中国经济研究中心联合创始主任。他著有多部关于经济与发展的书籍。

叶夫根尼·莫罗佐夫（Evgeny Morozov）

作家

叶夫根尼·莫罗佐夫是一位研究信息技术的社会与政治影响的作家和思想家。他是《网络错觉》（2011年）和《拯救一切，点击此处》（2013年）的作者。他拥有哈佛大学科学史博士学位，曾是乔治敦大学和斯坦福大学的访问学者。他还是“教学大纲”项目的创始人，这是一个大众传播项目，其目标是让公众更容易获取严肃的学术知识。

凯伦·芒迪（Karen Mundy）

联合国教科文组织国际教育规划研究所所长，加拿大多伦多大学安大略教育研究所教授（休假中）

凯伦·芒迪是联合国教科文组织国际教育规划研究所的新任所长，也是多伦多大学教育政策和领导学教授。她是发展中国家教育的主要专家，曾经担任全球教育伙伴关系首席技术官。她还曾担任加拿大首席科学家、研究与创新学院副院长、比较与国际教育学会会长。她著有关于教育改革、政策和民间组织等议题的六部书籍和数十篇文章、书籍章节及政论。

费尔南多·M. 赖默斯（Fernando M. Reimers）

美国哈佛大学教育研究生院教授

费尔南多·M. 赖默斯是福特基金会国际教育实践教授和哈佛大学教育研究生院全球教育创新计划的负责人。作为全球公民教育领域的专家，他的工作重点是研究如何对儿童和青年进行教育才能使他们在21世纪茁壮成长。他撰写、主编和合作主编了40部学术著作，发表了100多篇文章和书籍章节，重点关注教育与不断变化的世界之间的关联。他还与他的研究生团队一起开发了若干与联合国可持续发展目标相一致的项目化课程，目前世界各地都有学校在使用这些课程。

塔西拉·里维拉·泽（Tarcila Rivera Zea）

秘鲁原住民文化中心执行董事

塔西拉·里维拉·泽是秘鲁及世界上最受认可的原住民活动家之一。40多年来，她一直通过秘鲁原住民文化中心捍卫原住民的权利，该中心是一个促进文化认同，促进对原住民妇女和青年领袖的教育的协会。她还参与了美洲原住民族妇女网络和国际原住民族妇女论坛。

塞里涅·姆巴耶·蒂亚姆（Serigne Mbaye Thiam）

塞内加尔供水和公共卫生部部长

塞里涅·姆巴耶·蒂亚姆毕业于鲁昂商学院。在塞内加尔，他曾担任议会议员、预算总报告员、政府发言人、高等教育和研究部部长以及教育部部长。从2018年5月到2021年9月，他担任全球教育伙伴关系理事会副主席。蒂亚姆先生目前担任塞内加尔供水和公共卫生部部长。

瓦伊拉·维凯–弗赖贝加（Vaira Vike-Freiberga）

拉脱维亚前总统，阿塞拜疆巴库尼扎米·甘贾维国际中心现任联合主席

瓦伊拉·维凯–弗赖贝加博士于1999年至2007年担任拉脱维亚总统，并于2013年至2019年担任世界领导力联盟/马德里俱乐部主席。她曾担任联合国改革问题特使和欧盟多个高级别组织的特使。她著有17部著作和200多篇文章，是五所院校的成员，也是牛津大学沃尔夫森学院的荣誉研究员。

玛哈·叶海亚（Maha Yahya）

黎巴嫩卡内基中东中心主任

玛哈·叶海亚是马尔科姆·H. 科尔·卡内基中东中心的主任，她的工作广泛关注政治暴力、身份政治、不平等、公民身份和难民危机。她从麻省理工学院和伦敦建筑联盟学院获得社会科学和人文学科两个博士学位。她任职于多个咨询委员会，是三边委员会的全球成员、贝鲁特美国大学阿斯法里民间活动和公民意识研究所国际咨询委员会联合主席，以及“我读”协会的董事会成员。

“教育的未来”倡议

咨询委员会

咨询委员会的任务是就整个“教育的未来”倡议，向联合国教科文组织提供战略指导。

塔里克·古尔格先生（Mr Tariq Al Gurg）
迪拜关怀集团首席执行官

艾丽斯·P.奥尔布赖特女士（Ms Alice P. Albright）
全球教育伙伴关系首席执行官

戈登·布朗先生（Mr Gordon Brown）
联合国全球教育特使

安妮特·迪克森女士（Ms Annette Dixon）
世界银行集团主管人类发展的副行长

亨丽埃塔·福尔女士（Ms Henrietta Fore）
联合国儿童基金会执行主任

苏珊·霍普古德女士（Ms Susan Hopgood）
“教育国际”主席

卡洛斯·莫达斯先生（Mr Carlos Moedas）
2014年至2019年欧盟委员会研究、科学与创新专员

马蒂亚斯·罗德里格斯·伊西亚尔特先生（Mr Matías Rodríguez Inciarte）
桑坦德大学校长和国际大学联盟副主席

雷法特·萨巴先生（Mr Refat Sabbah）
全球教育运动主席

杰弗里·D. 萨克斯先生（Mr Jeffrey D. Sachs）
哥伦比亚大学可持续发展中心主任

塞西莉亚·夏普女士（Ms Cecilia Scharp）
瑞典国际开发合作署副总干事

安德烈亚斯·施莱歇尔先生（Mr Andreas Schleicher）
经济合作与发展组织教育和技能部主任

阿莱特·范·勒尔女士（Ms Alette Van Leur）
国际劳工组织部门政策部主任

希利吉·范特兰女士（Ms Hilligje van't Land）
国际大学协会秘书长

山口忍女士（Ms Yume Yamaguchi）
联合国大学可持续发展高级研究所所长

全球咨询贡献者

组织与网络

下列非政府组织和民间组织、政府机构、学术机构与研究组织、私营部门、青年和学生组织与网络，以及联合国教科文组织国家委员会，通过小组讨论、专题报告、网络研讨会及其他活动为“教育的未来”全球对话（2019—2021年）做出了贡献。参与“教育的未来”倡议的最新组织名单可在其网站上查阅。

阿比维亚提发展媒体
喀麦隆学术和职业发展计划
罗马艺术与新技术学院
梦想基金会
非洲图书馆和信息协会及机构（AfLIA）
阿加斯塔国际基金会
文化外交署（ACD）
阿拉玛·伊克巴尔开放大学
阿玛拉教育
美国心理学协会联合国咨询小组
亚米提大学
阿拉伯全民教育运动
阿拉伯人权研究所
塞萨洛尼基亚里士多德大学
亚利桑那州立大学
阿育王公益组织
亚洲–南太平洋基础教育和成人教育协会（ASPBAE）
西班牙蒙台梭利协会
基督复临安息日会家长教育发展协会（APADE）
可持续发展替代品协会（ASDA）
国际经济和商业科学学生协会（AIESEC）
美国蒙台梭利国际协会
俄罗斯蒙台梭利国际协会
撒哈拉以南非洲蒙台梭利国际协会
英国蒙台梭利国际协会
泰国蒙台梭利协会
尼日尔教育工作者发展促进会（ANED）
阿萨巴斯卡大学
阿兹科娱乐公司
联合国教科文组织孟加拉国委员会
孟加拉国青年论坛
北京师范大学
“双语很重要”组织
锡耶纳外国人大学锡耶纳校区“双语很重要”组织
biNu网站
欧洲技术学生委员会
布莱恩维茨在线培训
桥梁47网站
喀麦隆国际模拟联合国
联合国教科文组织加拿大委员会（CCU）
加拿大就业和社会发展部（ESDC）

催化剂2030计划
教育发展和技能获取倡议中心
参与预见中心
跨文化对话中心
国际天主教与联合国教科文组织合作中心（CCIC）
教育比较和国际研究中心（CIRE）
迪肯大学教育影响研究中心（REDI）
马拉维青年与发展中心
南里奥格兰德教皇天主教大学高等教育研究中心（PUCRS）
墨西哥科学、学术和研究生研究中心
社会教育研究和行动中心
东马尔多纳多地区教师中心
西南克罗尼亚地区教师中心
特许教学学院
辛格尔维公司
东帝汶民间教育合作伙伴关系
英国高等教育和继续教育气候委员会
气候智能农业青年网络（CSAYN）
斯里兰卡教育发展联盟
非政府组织集体协商
哥伦比亚大学教师学院
联合国教科文组织哥斯达黎加委员会
联合国教科文组织西班牙委员会
世界终身学习委员会
阿尔及利亚国家教育、科学及文化委员会
联合国教科文组织安哥拉委员会
联合国教科文组织海地委员会
联合国教科文组织老挝委员会
黎巴嫩国家教育、科学及文化委员会
联合国教科文组织马达加斯加委员会
联合国教科文组织卢旺达委员会
联合国教科文组织瑞士委员会
国际比较教育学会（CIES）
亚洲比较教育学会（CESA）
乌拉圭国家公共教育管理局教育培训委员会（ANEP）
菲律宾发展学院公共与发展管理研究生院
瑞士常驻联合国教科文组织和法语国家代表团
阿塞拜疆教育部普通教育和学前教育司
无国界发展行动–NABA’A
泰国博仁大学
美洲对话
梦想计划
德国国际培训大学联盟
菲律宾E-Net网络
e²教育生态系统
教育威尔士
教育辅导计划
索马里全民教育
教育促进相互依存的世界
教育国际
教育、研究和新闻（EDRAC）
教育+
布里斯托尔大学教育学院“教育的未来”网络
尼泊尔教育资源开发中心（ERDCN）
全球图标
艾玛斯国际
顿悟实验室

伊拉斯谟学生网络
可持续发展教育日本青年社团
欧洲民主教育共同体
欧洲牙科学生协会（EDSA）
欧洲家长协会（EPA）
欧洲学生网络
欧洲学生联合会
欧洲青年论坛
联合国教科文组织奥地利委员会变革教育专家咨询委员会
芬兰发展非政府组织
芬兰国家教育委员会
佛罗伦萨博览会
乌干达青年就业基金会
富兰克林大学
卡劳斯特·古尔本基安基金会
穆斯塔基斯基金会
桑蒂拉纳基金会
伽利略教师培训计划（GTTP）
玻利维亚教育部规划总局
GeoPoll移动平台
联合国教科文组织德国委员会
“女孩不是新娘”全球伙伴关系
“给绝望带来希望”协会（GHTHA）
全球教育运动
全球变革者
全球影响教育技术联盟
全球教育政策网络
全球动手学宇宙（GHOU）
“加入改革”全球教学网络
全球大学创新网络（GUNi）
全球青年绿党
新西兰克赖斯特彻奇市成长·威塔哈学校项目
希腊教育修辞学促进协会
“一百教育”项目
联合国教科文组织印度尼西亚委员会
关于《儿童权利公约》第12条的倡议（InArt12）
创新视野
意大利国家研究委员会人口与社会政策研究所
里斯本大学教育学院
罗沙教师培训学院
贝亚政治学院与里斯本人文技术大学（ULHT）
国际大学协会（IAU）
联合国教科文组织赞助的国际高等教育创新中心（UNESCO-ICHEI）
中国联合国教科文组织联系学校国际中心（ICUA）
国际成人教育理事会（ICAE）
国际开放和远程教育理事会（ICDE）
苏格兰国际发展教育协会（IDEAS）
国际模拟联合国
国际药学学生联合会（IPSF）
国际艺术教育协会（InSEA）
国际青年委员会
英迪国际大学和学院
印度伊萨·维斯瓦·般若慈善信托
意大利阿韦利诺市佩纳·阿利吉耶里国家综合学院
意大利萨莱诺国家经济和酒店服务专业协会

自然保护联盟教育和传播委员会
卡兰加：全球社会情感学习和生活技能联盟
无忧园在线教育
联合国教科文组织韩国委员会
国际大学教授和讲师协会
国际受教育权组织（OIDEL）
世界学前教育组织（OMEP）
联合国教科文组织拉脱维亚委员会
景观学习
黎巴嫩大学
制造者庇护所
Me2Glosses双语网站，“双语很重要”塞萨洛尼基办事处
千年发展项目
海地国民教育部
老挝人民民主共和国教育部
卢旺达教育部
意大利教育部
拉脱维亚共和国教育和科学部
加拿大魁北克省教育部
白俄罗斯教育部
不丹教育部
厄瓜多尔教育部
希腊教育、研究和宗教事务部
罗马尼亚教育部
葡萄牙外交部
印度尼西亚国民教育部
泰国蒙台梭利协会
墨西哥蒙台梭利协会
第四世界扶贫国际运动
尼泊尔全国教育运动
联合国教科文组织朝鲜民主主义人民共和国委员会
中华人民共和国联合国教科文组织全国委员会
印度国家教育规划和管理研究所
印度全国青年理事会
马耳他全国青年理事会
纳米比亚全国青年理事会
新福祉活动
国际教育和培训政策与合作网络（NORRAG）
教育政策中心网络
将可持续发展目标4.7与社会情感学习技能纳入教材合作网络（NISSEM）
北美蒙台梭利教师协会
西北大学（美国）
海洋集团
国际天主教教育局（OIEC）
联合国秘书长青年问题特使办公室
意大利“教育的未来”倡议办公室
冈山大学
日本大牟田市教育委员会
一个家庭基金会
团结香港基金
“走出书本”非营利组织
加拿大人民教育组织
沙特阿拉伯王国常驻联合国教科文组织代表团
越南常驻联合国教科文组织代表团
联合国教科文组织秘鲁国家合作委员会
菲律宾未来思维协会
菲律宾公共行政学会

联合国教科文组织波兰委员会
波特兰教育
联合国教科文组织葡萄牙委员会
葡萄牙学习共同体网络（Rede CAP）
普林斯国际信托
ProFuturo数字教育项目
“保护办法”慈善机构
协同增效教育项目
拉丁美洲全纳教育区域网络
区域教育规划中心（RCEP）
伯伦艺术学院资源
RET国际人道主义组织
国家对话网
实现两性平等
受教育权倡议
圣彼得堡国立大学
桑坦德大学
相遇学校
普瓦捷大学科学院
可持续发展目标教育2030指导委员会
亚利桑那州立大学“塑造教育”
全球教育和人道主义援助斯洛文尼亚非政府组织发展平台（SLOGA）
跨文化教育、培训和研究学会（SIETAR）
东南亚教师教育网络（SEA-ESD Network）
发展战略和创新倡议
学习厅教育基金会
移民问题非政府组织委员会移民和难民儿童分会
巴斯斯巴大学西南创意教育中心
瑞典远程教育协会（SADE）
瑞典远程学习哈尔诺沙协会
联合国教科文组织瑞典委员会
“瑞典教育”
瑞士发展与合作署（SDC）
新西兰课外教育工作者协会
“为利比里亚而教”
泰国国立法政大学
阿拉伯大众教育网/普及教育普世计划-黎巴嫩全民教育联盟
“对话”
边缘基金会
乔治·华盛顿大学
哥伊和平基金会
哈姆丹基金会
澳大利亚创新研究所
O.P. 金达尔环球大学高等教育研究与能力建设国际研究所（IIHEd）
教育2030教师国际工作队
中华人民共和国教育部
英国蒙台梭利协会
Iybed网站
挪威联合国协会
联合国教科文组织菲律宾委员会
联合国教科文组织“教育的未来”论坛
美利坚合众国联合国协会
联合国大学可持续性发展高级研究所
科尔多瓦天主教大学
阿根廷特雷斯德费布雷罗国立大学
塞尔吉大学
拉瓦尔大学
布里斯托尔大学

邓迪大学
爱丁堡大学
拉脱维亚大学
利兹大学
马里兰大学帕克分校
奥斯陆大学
比雷埃夫斯大学
萨莱诺大学
未来网络大学
特莱姆森大学
丹麦VIA大学学院
越南全民教育委员会
维尔纽斯大学学生代表团
幻想教育
投票支持学校和保护方法
跨文化和全球能力世界理事会
世界家庭组织（南非和欧洲区域）
世界未来研究联盟（WFSF）
世界启发小组伦敦知识实验室
世界青年大会
耶鲁大学
约克大学
青年外交官协会（YDS）
青年海洋农业发展协会（YAMDA）
刚果民主共和国青年企业家公司（YEC-DRC）
零水日合作伙伴关系

学校

以下学校在“教育的未来”倡议的背景下与学生、教师和家长进行了讨论和小组讨论，其中许多学校来自联合国教科文组织联系学校网络（ASPnet）。

阿尔及利亚

艾哈迈德·扎祖亚·吉杰尔中学
萨米特·布利达兄弟学校
埃尔·阿瓦尔·安纳巴私立学校
阿尔及尔城堡知识私立学校

安哥拉

阿尔达·拉拉理工中等学院
专业教育中心
格雷戈里奥·塞梅多学院
基兰巴·基阿西8056号“新生活”工业技术学院
杰西玛学院
恩格拉·基律安吉1145号学院
PUNIV“新生活”8054号学院
罗安达中等工业学院
2009号酒店管理与旅游中等技术学院
罗安达中等经济学院
8055号“新生活”中级行政管理学院
穆图·亚·凯维拉中学
何塞·马蒂1136号小学

1134号小学（前1050号小学）
德马约1140号公立学校（前1058号公立学校）
贝罗·阿苏尔1222号公立学校（前1107号公立学校）
1057号困难青年中学（前2033号中学）
罗安达卫生技术人员培训学校

阿塞拜疆

巴库欧洲中学
现代教育综合体
阿拉斯滕·马哈穆多夫第220学校
T.伊斯马约夫第6学校

孟加拉国

达卡阿布扎尔·吉法里学院
阿达姆吉营地学院
达卡阿齐姆普政府女子学校和学院
达卡莫哈卡里国际学校和学院
达卡寒武纪学校和学院
达卡商业学院
达卡国内模范学院
达卡工程大学学院
达卡米尔普尔孟加拉国政府学院
马尼格甘杰政府比丘纪念学院
达卡政府实验室高中
马达里普尔政府学院
蒙希甘杰政府女子学院
达卡远程教育学校

白俄罗斯

明斯克F.斯科里纳第1中学
明斯克第12中学
国家教育集团明斯克第33中学
国家教育集团格罗德诺市中学
国家教育集团明斯克第201中学
国家教育集团明斯克劳工红旗令第50中学
国家教育集团斯诺夫中学
国家教育集团明斯克第12中学
奥尔沙第2中学

加拿大

多伦多大学附属学校

中国

海南中学
华东师范大学第二附属中学乐东黄流中学
青岛第二中学
上海中学
上海宋庆龄学校
北京师范大学附属实验中学
中国人民大学附属中学

哥伦比亚

上帝的一分钟教育集团

哥斯达黎加

佩吉巴耶环境学院

雪松学院
圣安娜学院
哥斯达黎加人文学院尼科亚校区
尤鲁斯蒂学院
奥罗西职业技术学院/阿拉朱埃拉学院
特鲁巴雷斯职业技术学院
东博斯科职业技术学院
卡门·莱拉学校
卡罗莱纳·登特·阿尔瓦拉多学校
三江中心学校
鸽子学校
圣何塞NP儿童学校
拉斯·卡尼亚斯学校
何塞·库贝罗·穆尼奥斯学校
何塞·里卡多·奥利奇·萨莫拉学校
胡安·弗洛雷斯·乌马尼亚学校
源泉学校
大撒马利亚学校
达托尼亚·塔拉曼卡领导学校
北区领导学校
联合国学校
圣弗朗西斯科学校
托马斯·杰斐逊学校
CATIE美洲学校和学院
金谷学校
国立大学教师培训学院（UNA）
阿瑟里高中
利蒙–马里奥·伯恩高中
圣安东尼学校
圣格雷戈里学校
圣裘德学校
西部学院

丹麦

奥尔堡商学院
奥尔堡大教堂学校
奥胡斯学院
阿布萨隆学校
通识教育社区学校
阿尔萨斯高中
阿斯科夫民间中学
庇护修道院农业学校
奥雷霍伊高中
巴尔林儿童之家
贝克斯沃德寄宿高中
布莱达戈尔学校
南方商学院
UCL杰林校区
CELF学校
克里斯蒂安夏文高中
伊加高中
埃格特维德小学
埃尔唐小学和幼儿园
安德鲁普学校
应用科学大学
北方商务技术学院
西北商务技术学院
南方商务技术学院
法谢胡斯民间中学
旧海勒普高中
吉菲恩高中
格拉德萨克斯高中
哈德斯列夫教会学校
汉黑尔德民间中学

赫尔辛基学校–城市中心学校
HF & VUC菲英成人教育中心
霍洛普·派尔学校
国际商业学院
英格丽德·杰斯珀森高中
杰林·弗里斯科学校
尤尔斯明德学校
科尔德学院
兰格兰民间中学
勒恩马克学校
利乐贝尔特学校
林德伯格学校
梅尔坎泰克学院
奈斯特福德高中
NEXT教育集团
尼尔斯·布劳克国际高中
尼瓦学校
诺埃尔高中
厄克宾教会学校
奥登塞教会学校
厄尔斯泰德学校
帕德鲁普高中
彼得斯堡学校
UCN职业学院
VIA职业学院
兰德斯社会与健康学校培训
兰茨奥斯明德学校
拉努姆民间中学
拉努姆学校
罗吉尔德高中
罗斯基尔德高中
罗斯基尔德技术学校
斯科夫布厄奈特学校
桑德斯科夫学校
索尔特丹学校
埃斯比约职业培训学校
北方职业培训学校
南方职业培训学校
大毛勒比学校
斯特兰德学校
技术学院
提肯商业学校
托恩德商学院
传统学校
北方学校
西希默兰高中
杜尔学堂
斯托尔斯特罗姆职业教育学院
ZBC职业技术学院

芬兰

阿尔普拉高中
比约恩堡学校
远程教育漫游
哈拉克高中
伊拉斯特高中
赫尔辛基语言学校
赫尔辛基大学职业学校
里萨尔门高中
于韦斯屈莱基督学院
于韦斯屈莱高中
于韦斯屈莱小学
K.J.斯特尔伯格学校

凯塔高中
钟表学校
肯佩尔林教会学校
吉尔皮森统一学校
拉尼兰高中
电脑与影像学校
莱姆区高中
高地高中
奥里沃特高中
奥卢师范学校
奥卢师范学校（中等教育）
奥卢合作教育高中
普塔学校
劳马师范学校
塞马桑波大学
芬兰俄语学校
坦佩雷大学师范学院
阶梯学校
风车高中
瓦萨莱森高中

德国

霍夫盖斯马尔阿尔伯特·施韦策学校
拉文斯堡和奥伦多夫伊迪丝–斯坦学校
卡尔斯鲁厄华尔道夫学校
不来梅中学
埃门丁根商学院和家政学院
汉堡海因里希赫兹学校
伊林根高中
伊德施泰因莱姆学校
柏林马克斯–普朗克高中
诺伊马克特奥斯坦多夫高中
柏林索菲学校
海因斯伯格城市小学
弗尔克林根沃恩特高中

希腊

塞雷斯第1初中
伊拉佩特拉第1高中
杰拉卡斯第2高中
杰拉卡斯第2初中
夏尼亚第2高中
塞雷斯第2高中
雷瑟姆诺第2职业高中
马鲁西第4初中
塞雷斯第4高中
圣帕拉斯凯维第5初中
美国皮尔斯学院
塞雷斯亚里士多德初中
杜卡斯初中
雷瑟姆诺实验初中
塞雷斯实验小学
雅典学院初中
塞雷斯科伊米西斯初中
普希基科学院初中
塞雷斯音乐学校
普罗蒂波初中
普罗蒂波初中（阿纳夫里塔）
比雷埃夫斯拉莱奥初中
塞雷斯宾塔波利高中
扎戈里亚纳科斯初中

危地马拉

农业产业合作社新黎明学校

海地

科图巴纳马学院
科特普拉盖学院

印度尼西亚

克巴约蓝SMP实验高中

意大利

贝加莫维托里奥·伊曼纽尔商业和旅游研究所

日本

甘木中学
天之原小学
银水小学
白光中学
羽山台小学
驶马小学
平原小学
上内小学
历木中学
仓永小学
松原中学
明治小学
三池小学
稚内港小学
宫原中学
中友小学
大牟田中央小学
大牟田特殊教育学校
白川小学
橘中学
大正小学
高取小学
宅峰中学
田隈中学
玉川小学
手镰小学
天领小学
吉野小学

老挝人民民主共和国

西萨塔纳克学院
西萨瓦德学院
那海迪奥小学
彭帕帕奥小学
彭帕瑙小学
彭坦小学
索帕卢昂小学
占巴塞中学
菲瓦特中学
尚塔布利高中
万象胡志明高中
万象中学

黎巴嫩

阿利亚学校

阿考塔尔中学
阿马那尔现代学校
朱尼耶中央学院
法国家庭学院（法纳尔）
圣心修女学院（鲍克利）
占豪尔圣母学院
蒙大拿法国新教学院
圣格雷戈里学院（贝鲁特）
圣安·德贝桑松学院（贝鲁特）
贝鲁特格林菲尔德学院
哈耶·巴哈·埃登·哈里里学校（赛达）
伊玛目·萨德尔基金会–扎哈拉康复学校
黎巴嫩现代学院–米歇尔·哈利夫神父学院（法纳尔）
国际学院（贝鲁特）
伊斯兰慈善协会学校
黎巴嫩马龙派教会学校
马卡塞德·阿里·本·塔勒布学校（贝鲁特）
圣母领报学校（雷米什）
拉菲克·哈里里高中（赛达）
萨吉斯高中（艾因·萨阿德）

马达加斯加

安布希米纳那琳娜学校
安塔那那利佛学校
纳尼萨纳学校
ESSOR私立学院
哥伦比亚·安巴托曼私立学院
牵牛花私立学院
王子宫私立学院
皮诺奇私立学校
安巴托马诺亚公立小学
安布希多拉第一公立小学
贝拉维纳公立小学
安德里亚南普伊奈梅里纳萨博蒂·纳姆哈纳高中
霍勒斯·弗朗索瓦·安塔拉哈高中
J.J. 拉贝里韦洛高中
米亚里纳里沃·伊塔西高中
纳尼萨纳高中
纳弗森·菲纳兰措高中
拉尚特雷尔萨博蒂·纳梅哈纳私立高中
小基路伯私立高中
塔拉塔马蒂高中

墨西哥

菲拉德尔菲亚谷地学校
圣哈维尔阿尔卑斯学院
蒙特雷科技大学尤金尼奥·加尔扎·萨达校区

挪威

施泰纳学校

巴基斯坦

卡拉奇文法学校

秘鲁

秘鲁德语学院
胡宁豪尔赫·巴萨德教育学院

胡宁公立高等教育学院

葡萄牙

夸尔泰拉D.迪尼斯学校集团
巴塔利亚学校集团
拉梅古学校集团
卡尔旺教区学院圣母院
丰沙尔市巴塞洛缪·佩雷斯特罗EB/123学校（马德拉群岛）
蒙蒂霍职业学校
奥雷莉亚·德苏萨高中（波尔图）
菲利帕·德维尔赫纳高中（波尔图）
丰沙尔市詹姆·莫尼兹高中（马德拉群岛）
让·皮亚杰教育高中（阿尔马达）
路易斯·德索萨修士学校（阿尔马达）
杜阿尔特·德莱莫斯研究所（阿格达）

韩国

雉岳小学
忠南外国语高中
忠烈女子高中
大起高中
东一女子高中
孝养高中
仁川国际高中
仁川永宗高中
全北外国语高中
全州新兴高中
全南外国语高中
国立庆北大学附属小学
马山女子高中
文山秀亿高中
南星女子高中
五松高中
世宗国际高中
信明女子高中
晨星女子高中
公州教育大学附属小学
源花女子高中
阳川高中
荣州第一高中

卢旺达

基库基罗APADE高中
尼安萨国王基督学院
吉塞尼学院
圣安德烈学院
圣约瑟夫小学
SOS小学
SOS技术学校
基加利FAWE女子学校
圣伯纳黛特学校集团
鲁瓦扎女王学校集团
卢尔德圣母院学校集团（比马纳）
尼扬扎学校集团（基库基罗）
基加利中学
西托圣母学校
穆罕加师范学院

斯洛文尼亚

采列市中心小学

新戈里察小学
普图伊小学
采列市第4小学
莫约斯特拉那12月16日小学
多博沃阿洛伊扎·格拉德尼克小学
波兰奇科夫兄弟小学（马里博尔市）
皮兰镇西里拉·科斯马卡小学
洛卡大主教辖区小学
齐雷思尼亚维克约塞塔·普希金博士小学（比斯特里察）
霍奇杜萨纳·弗利萨小学
托尔明弗朗西塔·贝夫卡小学
格里兹小学（格里兹村）
圣三一小学和幼儿园
马里博尔市詹卡·帕德兹尼克小学
卡佩拉小学
科比列小学
卢布尔雅那市勒迪纳小学
佩斯尼克小学
博尔雅那小学
德拉瓦河畔赛尔尼卡小学
斯维塔特罗伊察小学
耶塞尼采镇托内塔·丘法尔雅小学
洛卡大主教辖区斯科法雅高中
采列市拉瓦中心学校
普图伊中心学校经济学院
马里博尔市建筑及体育中等学校
马里博尔市制药及日化中等学校
采列市中心中学

西班牙

阿贝托斯学院
赫尔奇洛公立学校
萨格拉达家族学院（萨拉戈萨）
特拉班科学院
萨尔瓦多·维多利亚教育科学研究院（特鲁埃尔，蒙雷阿尔–德尔坎波）

英国

斯特拉斯艾伦学校

美国

甘尼森中学

出 版 人　郑豪杰
责任编辑　翁绮睿
版式设计　郝晓红
责任校对　马明辉
责任印制　叶小峰

图书在版编目（CIP）数据

一起重新构想我们的未来：为教育打造新的社会契约 / 联合国教科文组织编. — 北京：教育科学出版社，2022.7

书名原文：Reimagining our futures together: a new social contract for education

ISBN 978-7-5191-3012-1

Ⅰ. ①一… Ⅱ. ①联… Ⅲ. ①教育事业—研究报告—世界 Ⅳ. ①G51

中国版本图书馆CIP数据核字（2022）第041888号

一起重新构想我们的未来：为教育打造新的社会契约
YIQI CHONGXIN GOUXIANG WOMEN DE WEILAI: WEI JIAOYU DAZAO XIN DE SHEHUI QIYUE

出版发行	教育科学出版社		
社　　址	北京·朝阳区安慧北里安园甲9号	**邮　　编**	100101
总编室电话	010-64981290	**编辑部电话**	010-64981167
出版部电话	010-64989487	**市场部电话**	010-64989009
传　　真	010-64891796	**网　　址**	http://www.esph.com.cn
经　　销	各地新华书店		
制　　作	北京京久科创文化有限公司		
印　　刷	天津市光明印务有限公司		
开　　本	720毫米×1020毫米　1/16	**版　　次**	2022年7月第1版
印　　张	12.75	**印　　次**	2022年7月第1次印刷
字　　数	205千	**定　　价**	45.00元

图书出现印装质量问题，本社负责调换。